ACCESO GRATIS ***a la Lectura en la Nube***

Para visualizar el libro electrónico en la nube de lectura envíe junto a su nombre y apellidos una fotografía del código de barras situado en la contraportada del libro y otra del ticket de compra a la dirección:

AF606254

ebooktirant@tirant.com

En un máximo de 72 horas laborales le enviaremos el código de acceso con sus instrucciones.

La visualización del libro en **NUBE DE LECTURA** excluye los usos bibliotecarios y públicos que puedan poner el archivo electrónico a disposición de una comunidad de lectores. Se permite tan solo un uso individual y privado

Palestina,
la primavera improbable

Procedimiento de selección de originales, ver página web:
www.tirant.net/index.php/editorial/procedimiento-de-seleccion-de-originales

Mauricio Jaramillo Jassir

Palestina, la primavera improbable

tirant humanidades
Bogotá D.C., 2024

Jaramillo Jassir, Mauricio, autor.
Palestina, la primavera improbable / Mauricio Jaramillo Jassir. -- Primera edición. -- Bogotá : Tirant Humanidades, 2024.
134 páginas : mapas.
Incluye referencias bibliográficas.
ISBN: 978-84-1183-629-6
1. Relaciones árabe-israelíes. 2. Conflicto árabe-israelí. 3. Hamas. I. Título.
LC: DS119.76
CDD: 956.94 ed. 23
Catalogación en publicación de la Biblioteca Carlos Gaviria Díaz

EDITA: TIRANT HUMANIDADES COLOMBIA
Calle 11 # 2-16 (Bogotá D.C.)
Telf.: 4660171
Email:tlb@tirant.com
www.tirant.com
Librería virtual: www.tirant.com/co/
ISBN: 978-84-1183-629-6
MAQUETA: Innovatext

"En nombre de Dios, dejen en paz a Palestina".
Carta a Teodoro Herlz de Yusuf Diya al-Khalidi,
alcalde de Jerusalén en 1899

Quisiera expresar mis agradecimientos a la editorial Tirant lo Blanch y en particular a Tatiana Dangond quien tuvo la idea de este libro. También al trabajo paciente de María Soledad Gómez. A mi colega Margarita Cadavid Otero a quien he entrevistado varias veces y me ha enseñado sobre el Medio Oriente desde la amistad, además de agradecimiento, toda mi admiración. A Dianne Tawse-Smith por su apoyo incondicional.

Este libro está dedicado a Ana,
para que la primera historia que lea de Palestina venga
de su familia.

Índice

Palestina, la primavera improbable

Mis abuelos Katryn, Roque y Alicia Jassir abandonaron Belén, en territorio palestino, en 1948, huyendo de la guerra. Sin saberlo, salvaron al menos tres generaciones que desde lejanas latitudes siguieron con sus vidas, pero con la conciencia viva sobre una causa que todos dan por perdida. En eso ha consistido el ADN de los descendientes de palestinos por el mundo, recordar una tragedia cuya sanación parcial aún es posible, pero en la que buena parte de la humanidad ha decidido claudicar. La voz del relato de esta nación no pertenece exclusivamente a sus descendientes, ni se justifica la categoría tan en boga por estos tiempos de 'propalestinos', una manera de reducir la simpatía por su catastrófica historia a un segmento poblacional definido en márgenes ideológicos. La reivindicación por la supervivencia palestina no es monopolio de quienes provenimos biológicamente de ella; sino que, como toda causa justa, debe convocar a la humanidad en su conjunto según el ideal kantiano del *imperativo categórico* traducido en un lenguaje democrático como 'hacer siempre lo correcto', al margen de que el efecto de una acción sea absoluto o inmediato. Palestina no es un bando, sino una comunidad sometida a la ocupación más larga de la que se tenga registro. Su historia, actualidad y lucha merecen ser narradas. Así comienza una de muchas versiones sobre una violencia evitable.

En la guerra todos pierden, pero no parece ser una lección aprendida. Después de la Segunda Guerra Mundial parecía clara y en buena medida se pensaba que, como comunidad internacional, avanzábamos hacia formas de resolución pacífica de controversias entre Estados que harían menos posible los conflictos armados. Como buen augurio, en la segunda mitad del siglo XX se produjo una reducción notoria de guerra entre Estados. Sin embargo, se constató un aumento considerable de violencias internas que, en los peores casos condujeron a los genocidios de Biafra

(Nigeria), del pueblo Ixil (Guatemala), Ruanda, Srebrenica (Bosnia-Herzegovina) y Darfur (Sudán). En todos hubo un agravante mayúsculo: la inacción internacional para detener tragedias que no eran irremediables.

En este mapa de conflictos sobresale el palestino-israelí, llamativo porque para no pocos representa la demostración de la controvertida tesis de Samuel Huntington sobre el choque entre civilizaciones, en el que la cultura podría ser causa y combustible para la violencia a escalas insospechadas[1]. Dicha confrontación también expone los complejos más vergonzosos de Occidente acerca del *orientalismo*, una miopía generalizadora para simplificar en extremo todo lo que no abarque la esfera occidental. Asimismo, la violencia en esta zona despierta sensibilidades en todos los rincones del planeta por la fascinación por la religión que también incluye la reproducción y difusión de estereotipos sobre el mundo árabe, judío y musulmán, a la vez que se rechaza el imperialismo y el neocolonialismo a los que muchos de manera justificada atribuyen la responsabilidad de buena parte de sus tragedias. No es anodino que, en su carta de renuncia, el representante del Alto Comisionado para los Derechos Humanos de la ONU en Nueva York, Craig Mokhiber, se haya referido a la ofensiva israelí en Gaza como "masacre a gran escala de palestinos, basada en una ideología etnonacionalista colonial". Dicho de otro modo, el conflicto refleja los pasivos vivos que dejó el proyecto colonizador, cuyo espíritu sigue vigente en zonas como Medio Oriente, Asia Central, el Norte del África o el Sahel.

De otro lado, valga decir, no sin vergüenza, que la mirada que se lanza sobre el llamado Medio Oriente es, de todos modos, morbosa y en determinadas coyunturas, parecemos asistir a la proyección de un largometraje de acción entre "buenos y malos" —los medios han desempeñado un papel nocivo promoviendo los simplismos— o como si se estuviera ante un partido de fútbol en el que no se exige la terminación de la guerra, sino que se apoya a uno de los bandos, sin ninguna consideración por lo irrepa-

1. Huntington, S. (1993). "The Clash of Civilizations". *Foreign Affairs*. 72 (3): 22-49.

rable. La violencia entre palestinos e israelíes se ha normalizado a niveles insólitos por las generalizaciones y la falta de sensibilidad para describir las incontables tragedias que se siguen acumulando. Todo agravado por la falta de experticia de los medios de comunicación para describir y del exceso de información que circula en redes y que, paradójicamente termina por confundir en lugar de despejar o matizar.

Este libro es una invitación para aproximarse a la tragedia palestina-israelí, ilustrando los orígenes recientes de la violencia, la evolución de los actores, la transformación dramática en la correlación de fuerzas y la forma como todo lo anterior conspiró para que el 7 de octubre de 2023 un comando de las brigadas Al-Qassam, brazo armado del movimiento Hamás, incursionara en el sur israelí provocando la muerte de al menos 1500 personas y el secuestro de dos centenares. El mundo pagó caro haber ignorado las advertencias de organizaciones como Amnistía Internacional, *Human Rights Watch* y *B'Tselem*, que llevaban años denunciando con desespero el *apartheid*, la limpieza étnica e, incluso algunas voces, el genocidio, puesto en evidencia en los meses subsecuentes a los ataques de Hamás. Era, como dice la expresión prestada de una novela, crónica de una tragedia anunciada.

El argumento principal a consideración del lector consiste en que no existe una guerra Israel-Palestina, sino una agresión histórica y constante para aniquilar a la segunda como nación. Para ello se describen cuatro etapas. La primera cubre las guerras entre Israel y los Estados árabes de la zona que se entienden como conflictos tradicionales o guerras de posiciones. La segunda consistió en una guerra de guerrillas, en la que Tel Aviv se enfrentó a ataques insurgentes, mientras la Organización para la Liberación de Palestina (OLP) vivió en la clandestinidad y preconizó su destrucción. Esta etapa termina en una guerra híbrida hasta la actualidad, en la que Hamás o el Movimiento de Resistencia Islámica no solo actúa como movimiento insurgente o terrorista, sino que hace las veces de establecimiento, a pesar de la política de sanciones por parte de la comunidad internacional. Tras años de adaptación ha logrado contrarrestar militarmente a Israel con tácticas que oscilan entre la guerra de posiciones y de guerrillas, a ratos como si fuera otro Estado y en ocasiones como insurgente. Finalmente, se expone la tesis central del libro: Israel se ha convertido en un Estado totalitario como fórmula para imponerse en la única guerra a lo largo de su historia que irremediablemente lo sobrepasa y parece perder de manera acelerada con el paso de los años. Cuando se enfrentó a los ejércitos regulares árabes pudo imponerse y proyectar la idea de ser la única democracia en Medio Oriente. En contraste, al enfrentar a un grupo armado irregular ha optado por estrategias de vigilancia, opresión y negación de derechos, todo enmarcado en las márgenes de una limpieza étnica rastreable desde 1948; un sistema de *apartheid* a partir de 1991 —cuando empiezan las primeras señales de bloqueo a Gaza— y desde 2007, el peor de todos los delitos: el genocidio, visible en la ofensiva de octubre del 23, tanto en Gaza como en Cisjordania y Jerusalén Oriental.

El texto trata de complejizar la manera como se ha regionalizado el conflicto con el involucramiento indirecto de terceros, bien sea vecinos como Irán, Líbano o Siria o las potencias de Occidente cuyo rol se ha modificado drásticamente en el último tiempo. En el marco de esta agudización de la violencia se han ofrecido estímulos para la radicalización tanto de palestinos como israelíes con un claro resultado: el intento cada vez más patente de Israel por acabar con la nación palestina, recurriendo a un régimen de *apartheid*, la limpieza étnica en la que paulatinamente desaparecen aldeas y territorios palestinos y al genocidio.

La estructura del libro consta de cuatro secciones que comienzan con una breve descripción de la forma en que se pasó de las guerras entre Estados árabes e Israel a un conflicto asimétrico entre palestinos e israelíes con una degradación primero paulatina y luego acelerada en el último tiempo. En segundo lugar, se describe cómo nació y se consolidó la cuestión palestina y conforme pasó el tiempo se fue complejizando y dividiendo hasta el surgimiento de varios actores que terminaron confrontándose, Fatah, principal partido político histórico, Hamás y la Yihad Islámica. En tercer lugar, se explica cómo Hamás fue ganando espacios políticos y militares hasta convertirse en el principal rival y contrapeso militar de Israel, acudiendo a la noción de guerra híbrida. Y, finalmente, se pone la lupa sobre la forma en que la guerra ha sobrepasado el terreno militar y trasladado a la información. En esta sección se examinan los debates semánticos sobre las denominaciones genocidio, *apartheid* y limpieza étnica. En estas nociones está la clave para entender por qué Israel pasó de ser un Estado al que se le reconocía como víctima de vecinos hostiles y agresivos, a un régimen violador sistemático de derechos humanos y cuya arrogancia militar ha derivado en justificadas críticas y antipatías, como ha ocurrido con buena parte de las autocracias alrededor del mundo.

El libro no tiene otra aspiración que sensibilizar acerca de la peor tragedia humanitaria desde la posguerra. Desde una matemática fría del dolor, se suele recordar que las cifras de otras catástrofes como Biafra, Ruanda o Darfur son superiores (en el conteo de muertos), pero es urgente recordar que la crisis en Gaza en el último tiempo tiene un agravante mayor: la circulación sin antecedentes a cataratas de imágenes, videos, testimonios y todo tipo de evidencias sobre violaciones a los derechos humanos inconcebibles y sistemáticas. Ninguna ocupación ha sido tan extensa, agresiva y permitida por la comunidad internacional como la que han padecido los palestinos. Este presente tiene como novedad la inmediatez, el hecho de enterarse de lo que sucede casi que al instante. El paroxismo patético podría ser la transmisión en vivo por redes sociales de los bombardeos a instalaciones civiles en Gaza por parte de Benjamín Netanyahu, prueba irrefutable de no solo de la frivolidad y normalización de la violencia contra palestinos, sino de la impunidad pasmosa con la que se siguen cometiendo crímenes de guerra y de lesa humanidad.

Esta crisis humanitaria nos recuerda el fracaso de las ciencias sociales en la misión de sensibilizar por tragedias que suceden en aparentes lejanías. Quebramos la promesa de la post Segunda Guerra Mundial resumida en la divisa “nunca jamás”, y hemos contribuido al tan temido antivalor advertido por Hannah Arendt, la banalización del mal[2].

2. Arendt, H. (1993). *Eichmann en Jerusalén.* Madrid: Lumen.

1. Guerras árabes israelíes: orientalismo y eurocentrismo

Palestina antes del 48

La primera fase de lo que se puede denominar las guerras árabe-israelíes (no confundir con conflicto palestino-israelí que aparecerá posteriormente) se puede situar en 1947 con la adopción de la Resolución 181 por parte de la Asamblea General de Naciones Unidas, que dio origen a dos Estados, árabe y judío. Este plan de partición inicial era el punto de llegada del proceso colonizador inglés, que le había prometido al pueblo judío el establecimiento de un Estado en las tierras donde había sido destruido el templo del rey Salomón en Jerusalén en la antiguedad. Esto había ocurrido en dos ocasiones que resultaron traumáticas en la narrativa de los judíos, con Nabucodonosor, rey caldeo en el año 587 a. C. en la antigua Babilonia[3], y con el emperador romano Tito, en el año 70 d. C.[4].

A partir de las persecuciones en Europa se buscó el establecimiento de un Estado para un pueblo que se sintió justificadamente acorralado y aspirando a un reordenamiento mundial; en la plenitud de la Primera Guerra Mundial, el primer ministro británico, Arthur James Balfour, firmó la célebre declaración que consistía en una promesa para el establecimiento de un Estado que sirviera de "hogar judío" en la tierra de Palestina. Para ese momento, la zona se encontraba bajo control del Imperio Otomano, que terminaría desapareciendo tras la guerra. Con la creación de la Sociedad o Liga de Naciones, le fue encargado al Reino Unido el

3. Asimov, I. (1998). *La tierra de Canáan.* Madrid: Alianza Editorial p.149.
4. *Ibid* p. 283.

mandato de Palestina y con ello se dio la creación de los primeros grupos nacionalistas judíos en la zona que importaron el nacionalismo de Europa. Tal como lo plantea Rashid Khalidi, no ha habido una confrontación de movimientos nacionales, palestinos contra israelíes, sino una violenta conquista colonial apoyada en la ideología sionista inspirada en las ideas de Teodoro Herzl con el apoyo de Europa, y que tuvo como trasfondo el supremacismo. A Palestina se le fue poblando con la idea de que los migrantes judíos llevarían a cabo una misión civilizadora y moderna, análoga a la de los pioneros de los Estados Unidos, que amparados en la doctrina del destino manifiesto se han sentido en la potestad de conquistar. En 1899 ocurrió un hecho revelador para los siguientes cien años. El entonces alcalde de Jerusalén, Yusuf Diya al-Khalidi le escribió una carta a Herzl alertando sobre la creación del hogar judío en la tierra palestina y advirtiendo de manera clarividente acerca de que la población nativa no aceptaría el desplazamiento. Remató su carta con la frase lapidaria "en nombre de Dios, dejen en paz a Palestina"[5].

La consciencia nacional palestina puede rastrearse desde las épocas del Imperio Otomano y no es exclusiva —como se suele pensar— del periodo posterior al 48. Entre los siglos XVII y XVIII, las biografías se habrían de convertir en la principal referencia para entender una incipiente nación. Entre los escritores más conocidos aparecen los damascenos Najm eldîn al-Ghazzi, Mohammad Amîn al-Mohebbi, Khalil al-Marâdi, y Abdel Razzak al-Bitar en cuyos escritos se puede contemplar la vida de varias personalidades musulmanas del Imperio en las ciudades que se tornarían en el nervio de la identidad palestina, Naplusa, Akka, Nazareth y Jerusalén[6]. En estos escritos aparecen costumbres, debates y tensiones entre familias, clanes y comunidades que hablan de una nación en ciernes, pero bajo el dominio otomano. El periodo definitivo en la con-

5. Khalidi, R. (2023). *Palestina. Cien años de colonialismo y resistencia.* Madrid: Capitán Swing: 22.
6. Sfeir-Khayat, J. (2005). "Historiographie palestinienne. La construction d'une identité nationale". *Annales Histoire, Sciences Sociales EHESS.* 1 (1):36.

creción de una consciencia palestina sucede entre 1850 y 1948, cuando empezaría la migración de población judía, dando origen, entre otros factores, a la Nahda, movimiento cultural nacionalista árabe que fue duramente reprimido por las autoridades del Imperio, en concreto por el Sultán Abdel Hamid II. Por eso, durante la Primera Guerra Mundial y en medio de una represión brutal contra los árabes que se manifestó por el reclutamiento a la fuerza, los trabajos forzados y el hambre se robustecería una memoria colectiva para libaneses, palestinos[7] y sirios. Nacería el pedido repetido por una autodeterminación.

En medio de la premura de franceses y británicos por asegurar el apoyo de los árabes contra el Imperio Otomano, las potencias hicieron promesas a los pueblos árabes sobre la creación de Estados donde podrían ejercer el ideal de la autodeterminación. Así se llegó al acuerdo Sykes-Picot de 1916 (Mark Sykes y François Georges-Picot) en el que se dibujaron las fronteras de lo que se conoce como el 'Medio Oriente' y se prometió la autodeterminación a varios pueblos tras la disolución del Imperio Otomano. Se trata de un punto de inflexión significativo en la historia convulsa de la región. Las promesas del acuerdo franco-británico jamás se concretaron y, en cambio, se aplicó a 'rajatabla' el principio de "divide y reinarás" (atribuido a Nicolás Maquiavelo) para separar a las comunidades y crear conflictos, todo con el fin de facilitar la influencia y el control de los europeos.

Hasta ese entonces, judíos y árabes habían convivido en paz, pero con la promesa hecha a ambos grupos de contar con un Estado-nación, las tensiones y la violencia no tardaron en surgir. Nacieron los primeros grupos 'projudíos' que en el contexto actual podrían denominarse como terroristas o paramilitares. Se trató de Haganá e Irgún[8], que luchaban

7. Palestina quiere decir "la tierra de los filisteos", así la denominaron los romanos cuando conquistaron la región de Canaán en el año 63 a. C.
8. Ferro, M. (22 de junio de 1946). "La vraie visage du terrorisme juif. Trois mouvements mènent la guerre contre "la politique impérialiste" britannique. *Le Monde*.

contra el colonialismo y los árabes. En medio de una atmósfera de disputa por la tierra y el reconocimiento, se dieron violentos enfrentamientos y masacres en Jaffa, Hebrón, y Safed y el atentado contra el hotel Rey David, este último justo antes del Plan de Partición de 1948 de las Naciones Unidas. Así se dibujaron los orígenes más lejanos del conflicto moderno.

La Segunda Guerra Mundial y el subsecuente Holocausto (o Shoa), que consistió en el genocidio del pueblo judío (seis millones de asesinados), aceleró los esfuerzos para que Europa impulsara la creación de un Estado para esa comunidad. Así se conformó el Comité Especial de Naciones Unidas para Palestina (UNSCOP por sus siglas en inglés) en el que tenían asiento delegados de once países y se trabajó sobre la hipótesis de dos escenarios: un Estado binacional para árabes y judíos o la creación de dos entidades separadas. Tras meses de investigación y negociaciones, se optó por lo segundo que se consagró en la Resolución 181, aprobada por la Asamblea General de Naciones Unidas, pero rechazada por la mayoría de los Estados árabes de la región que consideraban que se afectaban los derechos de quienes habiendo sido mayoría demográficamente, se les adjudicaba menos territorio (al 67 % de la población se le adjudicaba el 45 % del espacio). Una vez entrada en vigor la decisión de la ONU y cuando expiraba el mandato británico, es decir el 15 de mayo de 1948, varios Estados árabes lanzaron ataques militares contra el recién creado Israel (Egipto, Irak, Jordania, Líbano y Siria), y dieron origen a la primera guerra árabe-israelí, o según el léxico judío-israelí la Guerra de Independencia o Liberación.

Un aspecto clave para entender el momento, y que resulta fundamental para el futuro, es que Israel surge del derecho y de la voluntad multilateral, pero también de la guerra; una situación que no deja de ser paradójica, pero también reveladora respecto del funcionamiento del sistema internacional posterior a 1945. De igual forma, debe haber claridad sobre la naturaleza del conflicto, que no obedece a factores religiosos, sino geopolíticos; es decir, por tierra, recursos, control y reconocimiento y legitimidad, tanto interna como internacional. Los elementos religiosos, de todos modos, son importantes, aunque más como aceleradores de violencia que como causantes.

En 1956 se produjo la Guerra o crisis del Suez, que tuvo a Egipto e Israel como protagonistas, con el respaldo soviético y de Occidente respectivamente, y terminó en el compromiso de que Gamal Abdel Nasser, por ese entonces cabeza del panarabismo, abandonara al apoyo táctico y operativo a la OLP. El panarabismo fue una iniciativa liderada por Nasser para lograr la unidad árabe en un momento en que parecía favorecida por la oposición a la existencia israelí, el apoyo soviético en el contexto de la Guerra Fría y la emergencia de liderazgos seculares con partidos como el Baaz, determinantes en la política siria e iraquí. Sin embargo, terminó siendo un paréntesis en la historia de la región y las divisiones regionales lo debilitaron hasta que se abandonó por completo. A cambio de la distancia de El Cairo frente al apoyo a la causa palestina, Tel Aviv renunciaría a la militarización de la Península del Sinaí, territorio estratégico para su defensa desde el sur.

Sin duda alguna, la guerra más determinante para la geopolítica de la zona ocurriría en 1967 con la llamada Guerra de los Seis Días. Israel lanzó un ataque preventivo contra Siria, en el norte, y Egipto, en el sur, y se impuso obteniendo franjas de territorio que ocuparía con el paso del tiempo con el argumento de que dicho control sería clave para garantizar su defensa y seguridad. Se trató de los Altos del Golán territorios sirios y libaneses (las Granjas de Shebaa en el segundo), Cisjordania y la Franja de Gaza asignadas a los palestinos según el plan de partición de Naciones Unidas, Jerusalén y la península del Sinaí egipcia. Esta guerra significó una nueva situación geopolítica, no solo porque Tel Aviv consiguió el mayor avance territorial, sino porque marcaría el comienzo de la ocupación de los Territorios Palestinos. Así como 1948 marca el origen de las guerras árabes-israelíes, la Guerra de los Seis Días daría origen al conflicto palestino-israelí. Fue tal el trauma para Egipto por haber perdido el Sinaí que en noviembre de 1978, y por mediación del presidente estadounidense James Carter, Anwar al-Sadat, presidente egipcio, y Menájem Beguín, primer ministro israelí, firmarían la paz y el establecimiento de relaciones diplomacias. Tel Aviv obtuvo el reconocimiento como Estado por parte de quien había fungido como líder natural de los árabes, y los egipcios recuperaron el espacio perdido en la guerra del 67. A este pactó se le conoció como Acuerdos de Camp David I[9].

La guerra también significó la puesta en evidencia de la doctrina de guerra preventiva que consiste en que, ante la inminencia de un ataque, a un Estado le asiste el derecho de adelantarse, tal como lo hizo Israel que sería agredido desde el sur por tropas egipcias y desde el norte por Siria. El modelo sería retomado por Estados Unidos en 2003 para justificar la invasión a Irak, con el argumento de que se trataba de una guerra de anticipo a los planes de Saddam Hussein de lanzar misiles balísticos o atacar con armas de destrucción masiva a algunos Estados de Occidente o Medio Oriente. Como resulta apenas obvio, esta utilización es incompatible con el derecho internacional y se aleja de la legítima defensa. Si ante la mínima sospecha de amenaza, un Estado se arroga el derecho de atacar, se corre el riesgo de borrar la línea entre las operaciones defensivas y ofensivas. Para que una guerra de prevención sea legítima, debe haber certeza de que efectivamente ocurrirá una agresión y anticipadamente se puede reaccionar, tal como ocurrió en 1967, pero de ninguna forma se trata de una lógica aplicable a la situación de marzo de 2003.

Nace la conciencia nacional moderna palestina

En medio de estas confrontaciones, fue surgiendo una conciencia nacional palestina. Algunos críticos o supremacistas que niegan su existencia, acuden al argumento peregrino de que la Resolución 181 habló de

9. Camp David es la residencia de descanso de los presidentes de EE. UU. Allí se han llevado a cabo las negociaciones para la paz entre Egipto e Israel y como se verá más adelante el intento de por establecer un pacto similar entre israelíes y palestinos.

un Estado árabe, mas no palestino. Sin embargo, la identidad palestina se fue forjando a partir de las guerras y, como en el caso del pueblo judío, fue surgiendo de la acumulación de tragedias. En una primera instancia, se trataba de una identidad más afincada en los árabes a nivel regional. Esto quiere decir que la nación palestina hacía parte del proyecto liderado por Nasser en Egipto y por el partido Baaz Árabe Socialista, que había sido fundado a finales de los 40 y tenía como propósito servir de plataforma ideológica a la unidad árabe. Este movimiento tuvo una fuerte influencia en Irak y Siria. De este hicieron parte Saddam Hussein y los gobernantes sirios Háfez al-Ásad y su hijo Bashar al-Ásad, actual presidente.

Sin embargo, el éxodo palestino a los países cercanos fue haciendo evidente la necesidad de tener una voz aparte de la de los vecinos y ganar autonomía. Así surgió Fatah, cuando intelectuales en el exilio, concretamente en Kuwait, fundaron el partido político tal vez más significativo en la historia política de Palestina. Su máximo líder fue Yasser Arafat, hijo de una familia gazatí y quien, desde Egipto, organizó la disidencia palestina en contra de la ocupación israelí. Como se reseñó, tras la Guerra del Suez, Egipto se comprometió a abandonar el apoyo militar a los palestinos, con lo cual Arafat fue expulsado de dicho territorio y se desplazó a Kuwait, desde donde organizó la lucha por la liberación. Ocurría en pleno contexto de la lucha por la descolonización que en Medio Oriente y en el Norte de África empezaba a tomar una fuerza sin antecedentes.

La nación palestina se fue consolidando en tres corrientes: (a) entre quienes se habían acomodado en el exilio, la inmensa mayoría en Estados árabes de la zona como Emiratos Árabes Unidos, Egipto, Líbano, Kuwait, Jordania y Siria entre otros; (b) los territorios ocupados, Cisjordania y Gaza, y (c) en Israel, donde históricamente ha habido un segmento poblacional árabe representativo (actualmente un 20 % de la población).

Mapa 1. Plan de Partición de Naciones Unidas de 1947

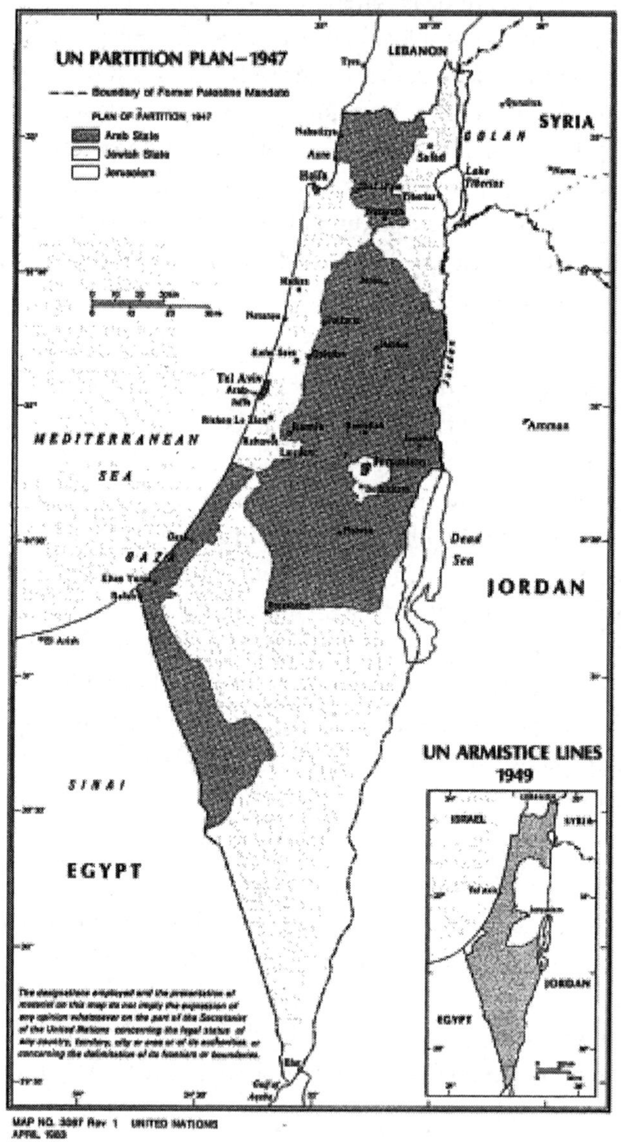

Tomado de Plan de Partición de Naciones Unidas
https://unispal.un.org/pdfs/97-24262s.pdf

En 1964, se fundaría la Organización para la Liberación de Palestina, que congregó a varios movimientos de liberación, entre los que sobresalen Fatah, el más poderoso y conocido, el Frente Popular para la Liberación de Palestina (que ha luchado sobre todo por los palestinos en los campos de refugiados en Líbano, Jordania y Siria) o el Frente Democrático para la Liberación de Palestina de orientación maoísta[10]. Tras la Guerra de los Seis Días, la OLP buscaría desligarse de la tutela de los países árabes de la zona. Antes de esa fecha, la confrontación del mundo árabe con Israel no solo estaba inspirada en la defensa de los derechos de los palestinos, sino por las ambiciones de Egipto, Jordania Líbano y Siria por retomar algunas de las zonas que había conquistado y ocupado Israel por la fuerza. Tras el punto de inflexión del 67 —el más relevante en la zona (hasta la coyuntura de octubre de 2023)— la OLP pasaría de perseguir objetivos panarabistas articulados con la causa palestina a centrarse en esta última. El movimiento árabe, que había tenido sus principales centros de actividades en El Cairo y Damasco, se fue deshaciendo en la medida en que las derrotas militares con Israel hicieron que, de manera bilateral, Egipto y Jordania buscaran salidas, distanciándose de los palestinos.

Ante la gravedad de la ocupación israelí de Cisjordania, Gaza, Jerusalén, la Península del Sinaí y los Altos del Golán, que significaba una alteración del orden geopolítico de una zona convulsionada, en 1967 el Consejo de Seguridad de Naciones Unidas aprobó la Resolución 242, exigiendo el fin a esa ocupación, lo que solamente ocurrió en el caso del Sinaí. Tel Aviv ha sostenido que ya cumplió con esa resolución, pues desocupó los territorios que eran de Egipto; aludiendo a que la resolución habla de territorios, sin especificar cuáles. Obviamente, se trata de un argumento basado en la literalidad (una leguleyada o argucia jurídica), pero apartado del espíritu con el que se aprobó la resolución.

10. Ravenel, B. (2007). "La parabole de l'OLP". *Confluences Méditerranée.* 1(3): 127.

Mapa 2. La Guerra de los Seis Días

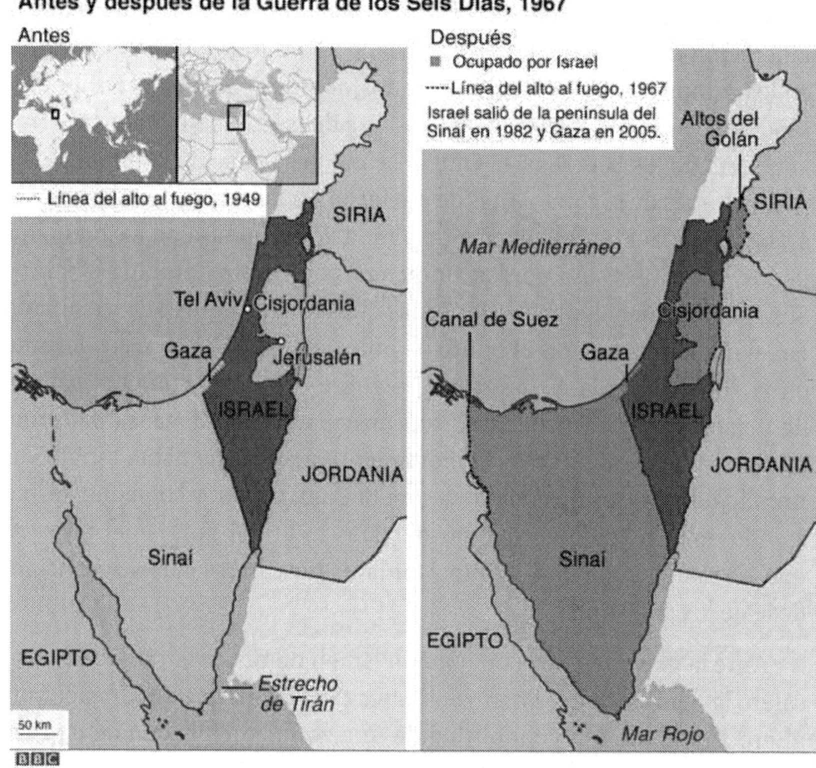

Tomado de: https://www.bbc.com/mundo/noticias-internacional-40139818

La década de los 70 fue definitiva en el paso a una confrontación en el marco de la guerra de guerrillas entre diferentes movimientos de liberación nacional afiliados a Palestina. Estos grupos eran cercanos a las plataformas de izquierda en el mundo por la influencia del marxismo o del maoísmo en la idea de la liberación nacional, parte fundamental de la retórica descolonizadora. La emancipación que emprendieron partidos, movimientos y guerrillas en el tercer mundo (hoy sur global) se inspiró en buena medida en una adaptación de la lucha de clases marxista en la escala global, para denunciar la forma como las grandes potencias buscaban extraer en sus territorios conquistados materias primas y explotar la mano de obra, cuya riqueza nunca se quedó en manos de la periferia y enriqueció durante décadas a los centros industrializados de Europa[11]. De esta forma, el tema palestino se convirtió en una de las reivindicaciones principales de las izquierdas en el globo, pues su emancipación era leída como una forma de combatir el colonialismo, cuya estructura capitalista había empobrecido a la periferia. Se puede decir, en resumidas cuentas, que si bien el mundo árabe se apartó de la causa palestina, esta pasó a ser abanderada por los movimientos progresistas en Occidente. Ernesto Guevara estuvo en la Franja de Gaza en 1959, en un desplazamiento que se logró por el apoyo de Nasser, en ese entonces, una de las caras visibles del Movimiento de Países no Alineados (MNOAL). En el Medio Oriente, Asia y África, la causa palestina ha sido reivindicada por los partidos o movimientos cercanos al islam. Ahora bien, los atentados terroristas vinculados a grupos cercanos a la OLP hicieron mella en la legitimidad de esta causa, aunque lograron darle visibilidad. En los Juegos Olímpicos de Múnich en 1972, el grupo Septiembre Negro, que operaba en Jordania y que hacía parte de la OLP, secuestró a un grupo de atletas israelíes y terminó asesinando a 11. En 1976 y 1977 ocurriría el secuestro de aviones de Lufthansa y Air France por parte del Frente Popular para la Liberación Palestina, con el apoyo de otros grupos (uno de ellos el alemán, Fracción del Ejército Rojo conocido también como la Banda Baader-Meinhof), lo que provocaría un temor en toda Europa respecto de atentados terroristas en contra de población judía o de tomas de rehenes que buscaban la liberación de presos palestinos. En esa etapa de la historia, los servicios de inteligencia y de seguridad israelíes (Mosad y Fuerza de Defensa Israelí) adquirieron reputación por el rescate de rehenes, aunque con bajas significativas en varios casos. En el secuestro del 76, moriría Yonathan Netanyahu, hermano de quien fuera luego primer ministro israelí.

11. Amin, S. (1976). *Imperialismo y desarrollo desigual.* Barcelona: Fontanella.

En 1974, los palestinos conseguirían tener una incidencia directa en la política multilateral, cuando la Asamblea General de Naciones Unidas reconoció a la OLP como vocera legítima de ese pueblo; y, en consonancia, le otorgó voz (aunque no voto). Con esto, Palestina se dotaría de una interlocución y proyectaría sus intereses a través de la OLP, que gozó del monopolio de esa vocería hasta el nuevo siglo, cuando Hamás le empezaría a disputar esa condición.

La Nakba, tragedia e identidad de Palestina

Los palestinos se hallaron cada vez más aislados frente a la ocupación, con los Estados árabes distanciándose de una causa que había causado desgaste y empezaba a generar fracturas y divisiones. Con la firma de la paz egipcia-israelí, el mundo árabe priorizó los temas internos. En 1987, y tras haber sufrido los rigores de la ocupación, ocurriría la primera Intifada o levantamiento palestino[12]. El 8 de diciembre, un grupo de trabajadores palestinos que se trasladaban desde el campo de refugiados de Yabaliya, norte de Gaza, y regresaban a sus campos fue embestido por un convoy militar israelí, causándoles la muerte. Este hecho desató la furia de los palestinos, que armados de cualquier escombro empezaron a enfrentarse contra las fuerzas de ocupación. Así surgió la imagen paradigmática de la Intifada, en la que se enfrentan niños palestinos con piedras en contra de blindados israelíes.

En resumidas cuentas, a medida que los Estados árabes, Egipto, Irak, Jordania y Siria fueron abandonando la confrontación con Israel, los palestinos fueron dándose cuenta de que no podían depender de sus vecinos para lograr su independencia. Bajo esta lógica, nacería la violencia palestino-israelí con dos Intifadas, 1987 y 2000, que aparecían como los principales picos de confrontación hasta el 7 de octubre de 2023.

12. Intifada traduce sacudida, pero no se suele transliterar al español, por eso se acude a la palabra levantamiento más precisa para captar la esencia del término.

En la lectura de estos hechos es indispensable recordar que no hay historias o narrativas neutrales, sino que obedecen a construcciones cuya buena parte ha sido impuesta de forma arbitraria. En este conflicto se ha comprobado lo que Chimamanda Ngozi Adichie denomina la *Historia única*[13], un hilo conductor en posesión de quienes han tenido históricamente más poder, en este caso Occidente y sus aliados. Edward Said denominaría como "orientalismo", la forma como las sociedades en Occidente moldearon una idea exótica de eso que arbitrariamente denominaron Medio Oriente: "Oriente era casi una invención europea y, desde la antigüedad, había sido escenario de romances, seres exóticos, recuerdos y paisajes inolvidable... Ahora estaba desapareciendo"[14]. En esta última frase se refiere a la conmoción que produjo en Europa la Guerra de El Líbano entre 1975 y 1990[15], en donde estallaron todas las contradicciones por la imposición arbitraria de fronteras tras los Acuerdos Sykes-Picot.

Una de las principales limitaciones para entender inicio, desarrollo y actualidad del conflicto es precisamente ese orientalismo reduccionista que invita a formulaciones simplistas y que Said define en los siguientes términos:

> Un conjunto de instituciones (profesores eruditos y 'expertos' en todo lo referido a Oriente), prejuicios (despotismo, sensualidad, esplendor, crueldad

13. Ngozi Adichie, C. (2018). *El peligro de la historia única.* Madrid: Penguin.
14. Said, E. (15 de octubre de 2011). "El choque de ignorancias". *El País de España.*
15. La guerra civil libanesa fue un enfrentamiento entre los refugiados palestinos que llegaron como consecuencias de las guerras y facciones cristianas que se apoyaron en grupos paramilitares (falanges). Participaron combatientes de la Organización para la Liberación de Palestina que obtuvieron el apoyo de Siria e Israel que apoyó a los falangistas libaneses cristianos maronitas. En medio del enfrentamiento Israel invadió el sur del Líbano para expulsar a la OLP de ese territorio hasta el 2000. La guerra terminó con los Acuerdos de Taif en 1989 que sacralizaron un Estado libanés multinacional con poderes compartidos según las comunidades chiita, sunnita drusa y cristiana maronita.

'orientales') ideas (filosofías y sabidurías orientales, adaptadas al uso local europeo) y prácticas burocráticas (registros, jerarquías, órdenes) mediante las cuales Occidente realiza declaraciones generales acerca de Oriente que lo constriñen dentro de una concepción oficial europea que sirve para dominarlo[16].

Es más, la noción de Medio Oriente corresponde a la geopolítica y fue acuñada por el estadounidense Alfred Mahan, reflejo de un orientalismo en el que se generalizan en extremo los rasgos culturales de distintos pueblos. En Francia, se hizo más común el término Oriente Próximo, y se suele utilizar para referirse precisamente el conflicto árabe-israelí, mientras que Medio Oriente para el conjunto que incluye zonas de Asia Central, la Península Arábiga y el Norte del África.

En épocas más recientes, y como se analizará en el segundo capítulo, surgirá la noción de "Gran Medio Oriente"[17] como una apuesta geopolítica del gobierno de George W. Bush en el contexto de la guerra global contra el terrorismo, para ensanchar las fronteras de la zona e incluir a dos Estados clave en el mapa de la lucha contra ese flagelo: Afganistán y Pakistán.

Este breve repaso del surgimiento de una violencia estructural en contra de los palestinos muestra cómo eso que los medios denominan como "el conflicto Israel-Palestina" es el punto de llegada de las contradicciones del proceso de colonización y de la presunción aún vigente en buena parte del mundo de que hay sistemas culturales superiores y que por tanto tienen una convicción civilizadora. La justificación para el uso de la violencia por parte de Israel suele apoyarse en que es la única democracia de la zona y que se está defendiendo de bárbaros que no tienen ninguna consideración por los derechos humanos. No obstante, al revisar la historia de negación sistemática de la autodeterminación de

16. Said, E. (2004). *Orientalismo.* Madrid: Debate p. 20.
17. Capdepuy, V. (2008). "Proche ou Moyen Orient? Geohistoire de la notion de Middle East" *L'espace géographique.* 3 (37) p. 227.

una Palestina que la ha reivindicado desde antes del 48 —en tiempos del Imperio Otomano— es posible deshacer los mitos con los que se ha institucionalizado la ocupación y la opresión sistemática.

Recomendaciones de lecturas

Textos académicos:

Asimov, I. (1998). *La tierra de Canaán.* Madrid: Alianza Editorial

Said, E. (2004). *Orientalismo.* Madrid: Debate

Textos jurídicos:

Naciones Unidas (1947) *Resolución 181 de la Asamblea General de Naciones Unidas* https://documents-dds-ny.un.org/doc/RESOLUTION/GEN/NR0/041/19/PDF/NR004119.pdf?OpenElement

Naciones Unidas (1947) *Resolución 242 Consejo de Seguridad de Naciones Unidas https://peacemaker.un.org/sites/peacemaker.un.org/files/SCRes242%281967%29%28esp%29.pdf*

Novelas:

Navarro, Julio (2013). *Dispara, ya estoy muerto.* Madrid: Plaza y Janes

Le Clezio, Jean-Marie Gustave (1992). *Estrella errante.*

Largometrajes:

Farha (2021) director: Darin Sallam

El árbol de lima (2008) director: Eran Riklis

2. El nacimiento del conflicto palestino

La tragedia de los palestinos se hizo expresa con la primera intifada en 1987, que expuso crudamente las consecuencias trágicas de la ocupación. Tanto es así, que desde ese entonces cada vez más voces han pedido con insistencia que se abandonara la denominación conflicto o guerra, pues consideran que no hay dos bandos, sino una fuerza ocupante y un pueblo (sin ejército) que resiste.

En este capítulo se explican las dinámicas de violencia en los territorios ocupados que derivaron en la primera intifada y, posteriormente, en las infructuosas negociaciones en el marco de los denominados Acuerdos de Oslo. El lector entenderá por qué fracaso y cuáles han sido los principales obstáculos para concretar una paz negociada y duradera entre israelíes y palestinos.

La intifada de 1987, surgimiento del extremismo religioso palestino

La intifada también puso de manifiesto la necesidad de los palestinos por expresarse mediante otras vías que no fueran necesariamente las que amplificaba o canalizaba la Autoridad Nacional Palestina (ANP). Por eso, cuando ocurrió el levantamiento, que no debe ser entendido como una revolución, porque no se trató de un acto premeditado, sino espontáneo, se convirtió en caldo de cultivo para la agudización de las tensiones presentes en la sociedad palestina como en todo el mundo árabe entre la laicidad —defendida hasta ese entonces, como línea oficial del Estado palestino— y quienes veían en la religión la posibilidad de una emancipación de cara a Israel. De esa fractura nació Hamás, en principio, una suerte de filial de uno de los partidos de mayor trascendencia en la zona, la Hermandad Musulmana, con una influencia considerable en Egipto. Tras ese levantamiento, el sheij[18] Ahmed Yassin, uno de los fundadores de Hamás ha preconizado la destrucción de Israel y el establecimiento de un Estado palestino confesional, es decir donde no haya distinción entre la religión y los asuntos públicos. Con el paso del tiempo, Hamás ha evolucionado, ha ido ganando autonomía respecto de otros movimientos regionales y ha hecho cada vez más prueba de pragmatismo. Sobre Hamás, se suelen invocar dos "lugares comunes" que deben complejizarse: que se trata de un satélite de terceros Estados que quieren combatir a Israel, Irán, Hezbollah y Siria; o que ha sido creado por los servicios de inteligencia israelíes para debilitar el poder de Fatah, el grupo de Yasser Arafat[19]. En realidad, Hamás se ha inspirado en la lucha del jeque Izzedine al-Qassam, predicador sunní, que murió peleando contra los británicos en 1935 y es considerado como el primer militante armado de la causa palestina. Hamás se ha reivindicado frente a la comunidad palestina como un movimiento independiente no solo de la política tradicional, sino de los regímenes vecinos que, de alguna manera, han sido responsables de la tragedia o *Nakba*. La historia de Hamás demuestra que el islam no es el principal condicionante de sus actuaciones y mucho menos, que sea una organización equiparable con el Estado Islámico (Daesch) o con la red Al-Qaeda de la que hacen parte grupos como Boko Haram, Al Qaeda en el Magreb Islámico, Al-Qaeda en Mesopotamia, Al-Shabaab o el Grupo de Apoyo al Islam y los Musulmanes.

En contraste con lo anterior, Hamás se ha adaptado al contexto cambiante de la dinámica palestino-israelí, haciendo prueba de un pragmatismo que buena parte de los movimientos terroristas enunciados no tienen, pues rechazan cualquier posibilidad distinta al sometimien-

18. En español traduce "jeque" o persona mayor cuyo liderazgo y legitimidad se basa en la sabiduría.

19. Filiu, JP. (2012). "Les fondements historiques du Hamas à Gaza (1946-1987)". *Vingtième Siècle. Revue d'Histoire.* 3(115): 3.

to. Los talibanes en Afganistán solo negociaron con Estados Unidos la posibilidad y las condiciones del retiro militar, pero una vez sintieron que disponían de una ventaja estratégica, lanzaron con éxito la toma de Kabul en 2021. La característica fundamental del integrismo islámico sunní, del que hacen parte todos estos actores, es que se busca el sometimiento de la sociedad sin distingo a la religión; por eso, cualquier otra creencia o práctica derivadas de principios alejados del islam son consideradas como apostatas. Hamás no cumple con este rasgo, pues no solo promueve un Estado confesional[20], sino que se inscribe en las lógicas de la liberación nacional poscolonial, su principal rasgo. Su objetivo primordial no es llegar a un Estado donde la religión sea único derrotero, sino la independencia de Palestina.

Es tan abismal la diferencia de correlación de fuerza con Tel Aviv que se ha optado por privilegiar ese objetivo y el islam, aunque parezca difícil de creer, ha pasado a un segundo plano, salvo para los casos en que su constante evocación garantice apoyo popular. Hamás no es, por consiguiente, yihadista, en la medida en que no apela a una confrontación para la conversión masiva al islam; sino que debe ser entendida como un movimiento de liberación nacional que tiene dentro de sus componentes el islam, junto a la lucha armada y a la caridad, pilares de su causa. Hamás es, en resumidas cuentas, una organización que, aunque combata el *status-quo*, no es antisistema; pues ha mostrado en varias ocasiones estar en disposición para adaptarse y entrar a ese establecimiento internacional como actor, a diferencia del Estado Islámico, con quien resulta imposible hallar cualquier asomo de pragmatismo y adaptación al orden regional o mundial.

En pocas palabras, la intifada del 87 puede ser leída como la continuación de la lucha iniciada en 1935 por al-Qassam, y el nacimiento de

20. Régimen donde no hay separación entre los asuntos públicos y la religión esta se vuelve fuente primordial del derecho. Este orden jurídico se conoce en el islam como la Sharia.

Hamás responde a la herencia de la lucha en el pasado contra el Imperio Británico, trasladada al presente contra el Estado de Israel. El primer acto de política exterior de Hamás ocurrió a comienzos de los 90, rompiendo con los consensos regionales que emergían cuando Europa y Estados Unidos lanzaban el proceso de paz entre la OLP e Israel. Hamás, bajo la sombra, habría de inaugurar los primeros atentados terroristas con bombas para protestar no solo contra la ocupación, sino contra el reconocimiento que Fatah, en cabeza de Arafat, hacían del vecino, un gesto interpretado como una traición a la causa y la renuncia cuasi definitiva al ideal de la Gran Palestina[21].

Oslo: la promesa de paz fallida

En medio de la espiral de violencia puesta en marcha en la intifada y con el contexto de la globalización en la que se esperaba que varios de los conflictos terminaran, pues se veían como alentados por la lucha bipolar Este y Oeste, Estados Unidos y Europa apuntaron por una paz definitiva en Medio Oriente. Gracias a la intermediación del gobierno noruego, y tras seis meses de negociaciones secretas entre el 9 y el 10 de septiembre de 1993, se logró un reconocimiento previo mutuo entre Yasser Arafat por parte de la OLP y Yitzak Rabin primer ministro israelí (laborista, centroizquierda). El 13 de septiembre de 1993 vino el célebre apretón de manos entre los dos dirigentes, teniendo como fondo a Bill Clinton en la Casa Blanca. No se trató de un acuerdo definitivo, sino del comienzo de un proceso gradual de reconocimiento mutuo que condujera a una paz global, como la denominó el entonces ministro de relaciones exteriores israelí Shimon Peres. El avance más importante y el punto de salida consistía en que los palestinos reconocían el derecho de Israel a vivir en paz y en seguridad (fue el reconocimiento diplomático más significativo logrado a lo largo de su

21. Se trata de un Estado Palestino en todo el territorio, incluido el de Israel, por ende, ese ideal era incompatible con la existencia de este último.

historia), a cambio de la autonomía para una nación ocupada y al borde del colapso subsecuentemente.

Los acuerdos tenían dos fases, la inicial que comenzó en la segunda mitad del 93 y en la que se gestaron las bases de la autonomía palestina sobre algunos de los territorios ocupados por Israel. En el marco de estas negociaciones, los palestinos obtendrían el control del 35 % del territorio ocupado, equivalente a siete ciudades de Cisjordania y Gaza. Aun así, Tel Aviv seguiría controlando el suministro de electricidad, la gestión del agua (clave en la zona) y ejerciendo su posición de poder y el control de las fronteras. Es decir, los palestinos apenas arañaron un gobierno, por eso el tema de la independencia ni siquiera asomó.

Esta primera etapa estuvo plagada de vicisitudes, empezando por el asesinato del primer ministro Rabin a manos de un extremista ortodoxo judío que lo acusaba de traición por negociar con Arafat. Los 140 mil colonos israelíes que habitaban en la Franja de Gaza, así como el partido de derecha Likud, se opusieron férreamente y advirtieron sobre un baño de sangre[22]. De igual forma, Hamás, que había sido proscrita en Israel y que se oponía a la negociación, hizo una serie de atentados en Afula, Hadera, Tel Aviv, Ascalón y Jerusalén.

En 1995, comenzaría la segunda etapa del proceso de Oslo con el Acuerdo de Taba, Egipto, convocando, por primera vez, a elecciones nacionales en territorio palestino para una designación transparente y popular de la dirigencia. Con este acuerdo, también denominado como Oslo II, surgiría el pacto más conocido de la negociación que consistió en la creación de tres zonas para la trasferencia de competencias a la Autoridad Nacional Palestina creada bajo la declaración de principios Rabin y Arafat del 93. Las tres zonas serían: (a) bajo control palestino, (b) compartido y (c) de administración israelí y correspondiente a las zonas de mayor importancia estratégica, que equivalían al 65 % del te-

22. Claude, P. (26 de septiembre de 1995). "Accords d'Oslo: Israël et l'OLP concluent un novuel accord sur l'autonomie palestinienne". *Le Monde.*

rritorio[23]. Estos márgenes dan cuenta de una negociación desigual, en la que los palestinos recibieron muy poco de acuerdo con la expectativa de tener la posibilidad de la autodeterminación y un Estado en el futuro.

En efecto, jamás se negoció entre pares. Edward Said, intelectual palestino más influente de la historia y una de las principales referencias de los estudios postcoloniales, describe bajo la forma de una anécdota una circunstancia que parece categóricamente ilustradora de un Israel que se impuso de cabo a rabo y una ANP responsable por desproporcionadas concesiones. Según Said, los diplomáticos palestinos llegaban a negociar:

> [...] carentes de sus propios mapas, sin el necesario conocimiento de los hechos y las cifras que poseían los israelíes, sin un firme compromiso con unos principios y con la justicia, los negociadores palestinos —que en todo han seguido instrucciones de Yasser Arafat— han cedido a las presiones israelíes y norteamericanas. Lo que los palestinos han obtenido es una serie de responsabilidades municipales en bantustanes[24] controlados desde fuera por Israel. Y lo que Israel ha conseguido es el consentimiento oficial palestino a la ocupación israelí, que se mantiene de una forma más racionalizada y económica que antes[25].

A mediados de 1996 se produjo la llegada al poder de Benjamín Netanyahu de manera sorpresiva, pues la mayoría de las encuestas daba como ganador a Shimon Peres, quien había relevado al asesinado Rabin. El propósito de adelantar la elección era renovar el respaldo israelí al proceso de paz. Sin embargo, una serie de atentados terroristas cometidos por Hamás en Ascalón y Jerusalén había condicionado el ambiente electoral, con lo cual el Likud llegaría al poder y cambiaria drásticamente el destino de los acuerdos. Netanyahu se negó a avanzar en

23. Le Monde (2 de julio de 2003). "D'Oslo II à "la feuille de route", des rrendez-vous ratés en série". *Le Monde.*
24. Se refiere a los guetos para negros en Suráfrica en la época del *apartheid.*
25. Said, E. (2002). *El fin del proceso de paz. Nuevas crónicas palestinas.* Barcelona: Mondadori :35.

los planes de descolonización pactados en Oslo, lo que lo llevó a una tensa relación con Bill Clinton, interesado en avanzar, pero a sabiendas de que era imposible tranzar con el primer ministro elegido por sectores enemigos del diálogo con los palestinos. Desde ese entonces, Netanyahu haría expreso el ideal de declarar a Israel como un Estado judío, lo que tenía serias implicaciones para la minoría árabe, que ha representado un 20 % de su población. Con esa declaratoria, que se concretaría en 2016, se confirmaría la advertencia de que los árabes-israelíes pasarían a ser formalmente ciudadanos de segunda categoría.

Mientras se negociaba, Washington trataba de mantener una posición de ecuanimidad difícilmente creíble para conservar su legitimidad como mediador o facilitador de una negociación, que ya daba signos de agotamiento y que perdía adeptos vertiginosamente en cada orilla. Clinton llegó a amenazar con retrasar la entrega anual a Israel de 3 billones de dólares o la dotación de 25 aviones de caza F5, e incluso haciendo expreso su descontento en noviembre del 97 cuando Netanyahu estuvo en territorio estadounidense, pero no fue recibido por su par[26]. Poco o nada pudo hacer Washington para evitar que el gobierno de Likud ahondara aún más la crisis del proceso de paz.

En 1998, Clinton intentaría salvar la negociación con los Acuerdos de Wye Plantation que se llevaron a cabo para resolver cuestiones relativas a la seguridad de Israel y un repliegue de las Fuerzas de Defensa Israelíes de los territorios ocupados. El nervio de la cuestión consistía en que para los palestinos era esencial la retirada de tropas y, en contraste, Tel Aviv consideraba que ponía en riesgo su seguridad. De esta forma, la negociación pudo avanzar de manera muy lenta y sin progresos significativos, salvo el compromiso de seguir dialogando sin que se vieran resultados tangibles, ni para la seguridad israelí ni para la autonomía palestina. Se estableció como límite para un estatus definitivo el 13 de

26. Zecchini, L. (22 de junio de 1998). "Bill Clinton ne parvient à convaincre M. Nétanyahu de relancer le processus de paix". *Le Monde*.

septiembre de 2000, fecha en la que se llevó a cabo la cumbre de Camp David II (Camp David I fue la cumbre de paz entre Egipto e Israel en 1978, tal como se describió en el capítulo anterior).

Tras 15 días de negociación maratónica, Ehud Barak, elegido en mayo de 1999, y Yasser Arafat no lograron ponerse de acuerdo sobre cuestiones fundamentales. Israel rechazó el derecho de retorno de los palestinos (reconocido en la Resolución 194 de 1948 del Consejo de Seguridad de Naciones Unidas) a pesar de que estaban dispuestos a discutir distintas formas de retorno, Tel Aviv descartó reconocer cualquier responsabilidad histórica en el éxodo palestino. De igual forma, no aceptó el carácter compartido de Jerusalén a la que ha declarado desde 1980 como capital "eterna e indivisible". Desde que anexara Jerusalén Oriental o Al Quds (reivindicada por palestinos como capital) en 1967 hasta la época de los Acuerdos de Oslo, Israel había extendido veinte veces más sus límites administrativos a punta de expropiaciones o por la fuerza. Dejó sobre la mesa la propuesta de que la pequeña ciudad de Abu Dis —en la periferia de Jerusalén— fuese la capital para Palestina, lo que no tuvo ninguna recepción del lado árabe.

Los palestinos tampoco aceptaron el mantenimiento de bloques de colonos en Cisjordania, ni que el control de la frontera oriental con el Reino de Jordania quedara en manos israelíes. Es decir, el territorio palestino quedaba encerrado por franjas de control israelí al occidente y al oriente, sin control sobre la frontera jordana ni acceso al mar Muerto.

La OLP respondió con una contrapropuesta en enero de 2001 en Taba, en la que hacían modificaciones al borrador de Camp David, en especial en zonas de la frontera occidental de Cisjordania para tener mayor posibilidad de supervivencia con tierras más cultivables —de mayor nivel freático— y con un control sobre la frontera jordana y acceso al mar Muerto. Esta fue rechazada por Barak, quien se enfrentaba en elecciones al conservador del Likud, Ehud Olmert, quien terminaría derrotándolo.

Mapa 3. Los Acuerdos de Oslo y el control territorial

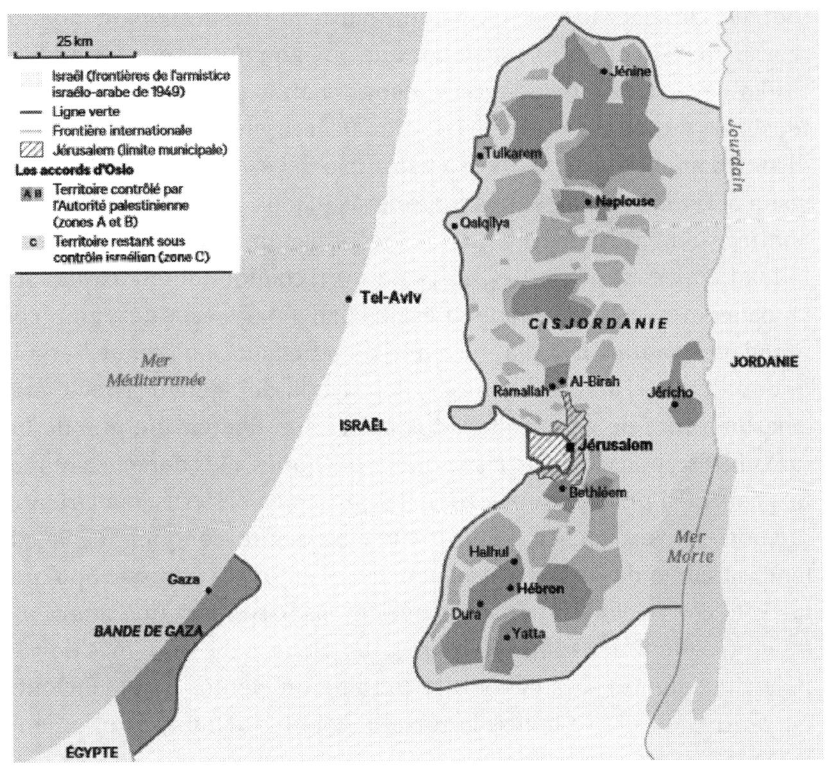

Tomado de: https://www.lhistoire.fr/isra%C3%ABl-palestine-un-long-affrontement

El retorno de la Intifada

El 28 de septiembre de 2000 estallaría la segunda intifada palestina. Como se suele afirmar bajo la lógica garciamarquiana, fue "crónica de una muerte anunciada". La tensa paz entre israelíes y palestinos (que nunca fue total, ni integral) terminó estallando en mil pedazos.

Todo comenzó con un acto de provocación de Ariel Sharon, en ese entonces ministro de defensa israelí, que se desplazó al santuario de al-Haram al-Sharif en Jerusalén Oriental, un lugar sagrado los musulmanes, pero profanado por la presencia de un militar fuertemente custodiado. De acuerdo con su versión, Sharon fue hasta allí para monitorear la libertad de culto, una labor que obviamente no corresponde al titular de la cartera de defensa y menos cuando se habían acumulado tensiones durante años por la cuestión de Jerusalén, en el centro de las disputas que llevaron al fracaso definitivo del esquema de Oslo. En su visita al templo, 8 palestinos fueron asesinados por el ejército israelí. Sharon, además, tiene una ingrata recordación, pues tuvo responsabilidad en las masacres de Qibiya en 1953, cuando fueron asesinados 69 palestinos, la mayoría menores de edad y mujeres, y del campo de refugiados Sabra y Chatila —campo de refugiados en Líbano— en la que milicias cristianas libanesas, con ayuda del ejército israelí, asesinaron a más de 3000 refugiados palestinos. Sharon fue uno de los máximos responsables de las peores violaciones a los derechos humanos contra la población palestina. Su presencia en Jerusalén Oriental fue una clara provocación que, ineluctablemente, conduciría a la violencia a sabiendas de las consecuencias; el entonces ministro optó por la visita con la clara intención de gestar las bases para una nueva ola de represión. Entre septiembre de 2000 y enero de 2001, más de 380 palestinos fueron asesinados y se produjeron cientos de detenciones en centros donde se aplicó la tortura, como lo denunciaron organizaciones no gubernamentales como Amnistía Internacional y *Human Rights Watch*. La Knéset, parlamento israelí, también fue escenario de una persecución contra los árabes que se expresaron en contra de la política represiva. Algunos funcionarios fueron relevados de sus cargos en las comisiones donde cumplían funciones y otros sometidos a juicios y a interrogatorios policiales[27]. Es decir, se trató de una política de retaliación, no solo contra la población palestina, sino de funcionarios del Estado que de alguna manera denunciaban los excesos en el uso de la fuerza por parte de Israel.

27. Said, E. (2002). *El fin del proceso de paz. Nuevas crónicas palestinas.* Barcelona: Mondadori: 122.

Este segundo levantamiento debe ser entendido no solo como respuesta a la presencia de Sharon, que fue solo "la gota que rebosó la copa", sino como la consecuencia de un diálogo en el que a medida que se proyectaba al mundo la idea de que estaban negociando dos partes en pie de igualdad, la realidad era otra. Se trataba de un esquema en el que Israel jamás abandonó su posición de poder e impuso las condiciones sobre una Autoridad Nacional Palestina diezmada y sin ninguna experiencia en la negociación internacional. Para julio de 1999, transcurridos 8 años desde la primera declaración que inauguró Oslo, la colonización no solo no se había detenido, sino que había crecido velozmente sin que los voceros palestinos o los "mediadores" estadounidenses pudieran disuadir a Tel Aviv. Tanto Likud como Laboristas fueron responsables de aprovechar cada segundo de negociación con sus vecinos para congraciarse con los sectores más radicales de la política israelí, mientras que a los palestinos se les obligó a clausurar todo vínculo con el radicalismo. Esto último ha sido una constante fácilmente observable, el radicalismo solamente se condena del lado palestino, pero cuando aparece en el bando israelí se ve como una dinámica natural de la democracia, resultado de ciclos y movimientos pendulares ideológicos. Lo anterior es reflejo del orientalismo con el que se sigue observando el proceso palestino y el israelí.

El 2001 no dejó de tener repercusiones en todo el Oriente Medio y la política de intervenciones directas de Estados Unidos en Afganistán e Irak buscaba en teoría —aunque de muy difícil digestión— la democratización del denominado Gran Medio Oriente (donde estaban incluidos a la fuerza Afganistán y Pakistán, Estados que geográfica y políticamente hacen parte de Asia Central y del Sur de Asia, respectivamente). La idea de George W. Bush para legitimar la agresiva campaña militar que había causado malestar mundial por la forma en que se esquivó el Consejo de Seguridad ante la renuencia de Francia, China y Rusia —incluso Chile y México—, consistía en alegar que se estaba democratizando la zona, único antídoto contra el terrorismo.

En medio de la necesidad apremiante de lavar su imagen, Estados Unidos recurrió a un nuevo proyecto para relanzar las negociaciones rotas desde Camp David II con una presencia multilateral y proyectando la idea de un orden multipolar. Para ello, se conformó el Cuarteto de Paz, que buscaría un plan denominado "La Hoja de Ruta". Este plan tenía tres componentes interesantes que hacían pensar en una novedad respecto a Oslo: (a) buscaba concretar la Resolución 1397 del Consejo de Seguridad, es decir buscaba cumplir con un mandato de una institución multilateral, y no era la imposición de alguna potencia; (b) Incluía en el cuarteto a dos instituciones internacionales, la Unión Europea y la Organización de Naciones Unidas, ambas involucradas previamente en los esfuerzos de paz. Es decir, no solamente se daba un carácter más multilateral, sino que la trayectoria de estos organismos era valorable; y (c) se contaba con la presencia de otra potencia no occidental, Rusia, que ha sostenido un vínculo especial con Israel por la migración askenazi proveniente del oriente de Europa; de hecho, buena parte de esa población fundó ese Estado a finales de los años 40.

Dentro de las aspiraciones expresas del Cuarteto estaba la intención de distribuir mejor las responsabilidades, por ende, se apuntaba por "cambiar la metodología de trabajo e intentar compartir la pesada carga de la mediación en Oriente Próximo con otros actores internacionales". Así se puso en marcha una última apuesta por la paz que estaba dividida en tres fases[28]. Primero y como la tarea más apremiante, a lo largo de 2003 se debía poner fin a la violencia, reformar las instituciones palestinas y congelar el proceso de colonización israelí. Nótese que se dejó de aludir a la necesidad de reubicar a los colonos, con lo cual se presumía la legalización del despojo de tierras de palestinos. Segundo, desde septiembre hasta finales de 2003 se tenía previsto el establecimiento de un Estado palestino con una constitución aprobada popularmente, pero con fronteras provisionales, hasta que se llegara a una solución definitiva sobre los límites. De nuevo, la cuestión espinosa de las fronteras se

28. Urrutia Areistizábal, P. (2011). *Conflicto palestino-israelí: ¿Más proceso que paz?* Barcelona: Escola de Cultura de Pau: 22.

aplazaba. Y, tercero, se dejaban los temas que generaban mayores disensos para ser negociados entre 2004 y 2005, es decir, los refugiados palestinos, el estatus de Jerusalén, los asentamientos de colonos y las fronteras definitivas. Todo culminaría en el marco de una cumbre internacional de paz llamada a solemnizar el fin del conflicto y normalizar las relaciones diplomáticas de Israel con el mundo árabe.

Sin embargo, la Hoja de Ruta jamás se concretó por la falta de apoyo constante de la comunidad internacional, en especial de las grandes potencias más interesadas en la guerra en Irak y en la contención del terrorismo que por hallar una salida definitiva. También incidieron los cambios en la política palestina e israelí. El primero se dio en 2004 con la muerte de Yasser Arafat, hecho por el que los palestinos han responsabilizado al hostigamiento y asedio militar israelí de Ramallah, donde tenía sede la capital administrativa de Palestina. Incluso se habla de que el líder habría sido envenenado con polonio por los servicios de inteligencia de ese país[29]. A pesar de las graves acusaciones, no se llevó a cabo una investigación exhaustiva para determinar las causas de su muerte. De otro lado, en 2005, Ariel Sharon como primer ministro ordenó la evacuación de colonos de la Franja de Gaza unilateralmente, lo cual no supuso un fin de la ocupación como suelen insinuar las versiones oficiales israelíes, sino un reforzamiento del control de sus fronteras. Es decir, que la falta de interés de las potencias, la crisis de liderazgo en Palestina y la unilateralidad de Israel acabaron con cualquier posibilidad de que los planes del Cuarteto llegaran a buen puerto.

Tras el fracaso de esta iniciativa surgieron dos más que tampoco trascendieron, el Plan Ayalon-Nussebei y el de Ginebra. El primero fue propuesto por el militar israelí retirado Ami Ayalon y por Sari Nusseibeh, profesor universitario palestino y rector de la Universidad Al Quds. El punto central de esta iniciativa era una propuesta desde la sociedad civil que

29. Fisk, R. (27 de noviembre de 2012). "Did Israel murder Yasser Arafat with Polonium-210? Some questions about this death won't gone away." *Independent.*

tuviera amplio respaldo popular y cuyos puntos centrales eran la creación de dos Estados en las fronteras anteriores a la Guerra del 67, esto incluía el respaldo al proyecto saudí denominado 'Iniciativa de Paz Árabe', presentado en 2002, que preveía el reconocimiento pleno de los Estados árabes a Israel a cambio del retiro de Cisjordania y Gaza; la reubicación de colonos para que no hubiese asentamientos en los territorios palestinos; autoridad compartida de Jerusalén, con cada Estado encargándose de su jurisdicción árabe-musulmán y hebrea-judía, es decir los palestinos encargados de la gestión del templo Haram al-Sharif y sus pares del Muro de los Lamentos; los palestinos no tendrían Fuerzas Militares y su defensa estaría a cargo de una operación permanente multinacional; y, finalmente, se preveía el retorno de refugiados palestinos, una vez establecido ese Estado. Para su retorno y compensación se estipulaba un fondo internacional. El plan que tuvo gran acogida dentro de la sociedad civil jamás tuvo alcance real político, en buena medida porque alteraba varios de los inamovibles de Israel, como la presencia de colonos en los territorios ocupados y el control de fronteras para Palestina.

En esta constelación de iniciativas apareció el Plan de Ginebra; promovido por Nelson Mandela, Mijaíl Gorbachov, el entonces secretario general de la ONU, Kofi Annan y James Carter, de importante trayectoria diplomática en el Medio Oriente como promotor de la paz entre egipcios e israelíes. Por el lado israelí, estaría el exministro de justicia Yossi Beilin y por el palestino Yasser Abdo Rabo, antiguo ministro de información de la ANP y figura de cercanía con Arafat. Este plan retomaba la idea de dos Estados, cuyas fronteras se negociarían partir de los límites del 67, pero se preveía que Israel extendería su frontera y que bloques de colonos serían legalizados (Ma'ale Alumin y varios barrios en Jerusalén Oriental). Alrededor de 300 mil colonos gozarían de esa condición, mientras que 100 mil serían evacuados. Para Jerusalén se retomaba la idea de una administración conjunta, los palestinos encargados del Monte del Templo/Haram al Sharif y los israelíes del Muro de las Lamentaciones[30]. Respecto de los refugiados palestinos, se descartó

30. Urrutia Areistizábal, P. (2011). *Conflicto palestino-israelí: ¿Más proceso que paz?* Barcelona: Escola de Cultura de Pau: 25.

cualquier alusión a la responsabilidad histórica israelí y se preveía el retorno parcial, una vez establecido el Estado de Palestina, otros serían acogidos por Israel y otros grupos serían recibidos en Estados terceros. Esto último es lo que hoy por hoy se denominaría "tercer Estado seguro", práctica de los países más ricos y cuyos volúmenes de migración les ha hecho contemplar la posibilidad de enviar refugiados a terceros países, distintos al de origen. Finalmente, se contemplaba la instalación de una fuerza internacional de verificación, con 3000 efectivos militares y 300 civiles con presencia especial en los lugares sagrados de Jerusalén. La propuesta fue rechazada de tajo por el gobierno de Ariel Sharon y solo contemplada por Arafat. A pesar de que era evidente que la negociación estaba devaluada a ojos de israelíes y palestinos, las encuestas revelaban que una mayoría apoyaba este acuerdo con porcentajes del 53 % y el 56 % respectivamente[31].

Estas negociaciones sostenidas a lo largo de la década de los 90 y comienzos del 2000 dejaron mal sabor a los palestinos, que hicieron importantes concesiones reconociendo a Israel como Estado, pero recibiendo a cambio apenas un proyecto de gobierno con una autonomía que se fue recortando con el paso de los años. Vale la pena recordar las diferencias entre autonomía y soberanía, siendo esto último el ideal que infructuosamente han perseguido por más de medio siglo. Lo primero consiste en la posibilidad de gestionar sus asuntos desde el punto de vista administrativo; es decir, la autonomía consiste en la recolección de impuestos, algunas inversiones en infraestructura y la distribución de servicios, entre otros. La Autoridad Nacional Palestina quedó desprovista de recursos para llevar a cabo esas funciones mínimas, también vale decir que la corrupción tuvo mucho que ver en la falta de efectividad.

La soberanía que se obtiene de la independencia que aún no han alcanzado, pues se encuentran bajo ocupación (formalmente desde la

31. Haaretz (23 de noviembre de 2003). "Poll: Most Israelis and Palestinians Support Geneva Accord". *Haaretz.*

guerra del 67), supone el control de las fronteras, decidir la mejor forma de defensa (a través de Fuerzas Militares propias o de una tercera fuerza multinacional, como han propuesto los propios palestinos) y un reconocimiento internacional como Estado. Es lo que Jean Bodin denominaría 'soberanía interna y externa'. Para colmo de males, tras más de diez años de negociaciones, se puede observar la forma como Tel Aviv aprovechó para acelerar el proceso de colonización, mientras en la mesa los reclamos palestinos no fueron escuchados. Palestina, después de los acuerdos de Oslo, ha carecido tanto de autonomía como de soberanía; y lo peor, en dicha década se crearon más de 1290 asentamientos en los territorios ocupados. El Centro Palestino de Derechos Humanos reportaba la destrucción sistemática de olivares y huertos por parte del ejército israelí, especialmente en Gaza, una zona particularmente castigada en el último tiempo (téngase esto en cuenta para los sucesos de octubre de 2023). Allí, en el bloque de asentamientos de colonos Gush Katif (que ocupaba el 40 % del territorio) se tenía pleno acceso al agua que Israel negaba a los palestinos o les repartía a cuentagotas. Los colonos, que disponían del 80 % del total del recurso, lo usaban no solo para su consumo, sino para regar sus prados y sus piscinas a la vista de la población palestina, con protuberantes carencias[32].

Ascenso interno y regional de Hamás

Hamás o Movimiento de Resistencia Islámica habían combatido los Acuerdos de Oslo, que se consideraron ilegítimos por varias de las razones ya expuestas. Con un ambiente de hastío frente a la política tradicional encarnada en Fatah, los palestinos llegaron a las urnas en 2006 para elegir autoridades gubernamentales. De forma sorpresiva, Hamás, que no reconocía al gobierno palestino por haber surgido de los acuerdos, decidió hacer un salto y pasar de la política clandestina de resistencia a

32. Said, E. (2002). *El fin del proceso de paz. Nuevas crónicas palestinas.* Barcelona: Mondadori: 124.

una de participación directa y presentarse a los comicios. Con esto ocurría una doble transición; de un lado, el grupo reconocía indirectamente la legitimidad de lo pactado en Oslo, al integrase en el proceso electoral subsecuente, lo que sin duda confirmaba el carácter pragmático que se suele omitir cuando se le describe. De otro lado, significaba toda una transformación en los territorios ocupados, en donde hasta ese momento solo se conocía el control de Fatah y desde los 90 de la recién creada ANP. La entrada en la escena política de Hamás significó a su vez un reto para los israelíes, que hicieron hasta la imposible porque la autonomía palestina lo vetara, tal como lo había hecho Tel Aviv desde comienzos de los 80.

De igual forma, y a raíz de los atentados cometidos en medio de las negociaciones, buena parte de los Estados de occidente calificaba a Hamás como una organización terrorista, lo cual después del 11 de septiembre había adquirido una connotación de mayor relevancia. Con posterioridad a la guerra global contra el terrorismo, decretada por George W. Bush, había una suerte de consenso respecto de no hacer ninguna concesión con este tipo de actores. No obstante, para 2006 ya habían aparecido los primeros signos de agotamiento de esa estrategia, Estados Unidos junto a sus aliados en Europa (en especial Central y Oriental, los países que se habían integrado a la Unión Europea desde mayo de 2004) habían sido incapaces de comprobar la existencia de armas de destrucción masiva en Irak. De igual manera, asomaba una tragedia que golpearía a todo el Medio Oriente; se trataba del surgimiento de una guerra civil entre las comunidades chiitas y sunnitas y la radicalización de estos últimos que se terminó decantando por el surgimiento de nuevos y más radicales grupos terroristas: como *al-Qaeda* en Mesopotamia (responsable de los ataques contra el semanario francés *Charlie Hebdó*) y, posteriormente, el *Estado Islámico* de Irak y el Levante, que mutaría hacia el temido *Daesch* o *Estado Islámico*, alimentado por la crisis siria.

En este escenario de pérdida de legitimidad de Occidente, con varios fracasos acumulados: Oslo, Afganistán e Irak, los palestinos fueron a las urnas en 2006 para elegir a los miembros del Consejo Legislativo

Palestino, del cual debía surgir en función del número de escaños un presidente de la ANP. Hamás obtuvo una mayoría que le permitía, según la aritmética electoral, derecho a ejercer dicho gobierno; resultado al cual se opusieron férreamente tanto Europa como Estados Unidos, que veían riesgoso que un actor que preconizaba en su carta fundacional la destrucción de Israel llegara al poder. El dilema no era sencillo, pues esa había sido la elección popular de los palestinos y antes de proponerle a Hamás una negociación para estimular a cambio de poder una moderación en su discurso, tal como se había hecho en el pasado con la OLP, a quien también se le había colgado el rótulo de terrorista, se apresuraron a anunciar sanciones contra la economía palestina en caso de que Ismael Haniya, cabeza del grupo, asumiera como presidente. La ANP, dependiente casi que exclusivamente del comercio con Israel (con impuestos e ingresos que Tel Aviv administra a su antojo, para, en no pocas ocasiones, presionar a los palestinos) y del financiamiento externo de EE. UU. y de Europa, vio en la amenaza de sanciones, el riesgo de colapso; y, en vez de establecer un frente común Fatah-Hamás para defender la decisión tomada por los palestinos en las urnas, se dividió internamente y para desgracia de la nación ocupada.

Los líderes de la OLP hicieron presión sobre Hamás para que declinara su aspiración, a lo que estos, a su vez se negaron; pues suponía renunciar a un mandato obtenido en *franca lid*. De esta forma, surgió una guerra fratricida que terminó en la toma violenta por parte de Hamás de la Franja de Gaza en 2007 y la expulsión de Fatah de dicho territorio.

Aprovechando la división, y con el 'argumento' de que se necesitaba garantizar su seguridad, Tel Aviv procedió al bloqueo; y aunque desde 2005 no había colonos ni asentamientos, procedió a reforzar el control sobre las fronteras. Los gazatíes han sido sometidos, desde ese entonces, a embargos de todo tipo; situaciones en las que Israel controla la entrada y salida de personas y cuyo asedio ha sido permanente. En la idea de contrarrestar la ocupación, y en ejercicio de la resistencia como un derecho reconocido a los palestinos por parte de Naciones Unidas, Hamás ha intentado atacar militarmente a Israel con lanzamiento de *rockets* artesanales que causan estragos en infraestructura civil israelí y afectan la vida de esos ciudadanos. Valga recordar, el principio de autodeterminación implica el derecho a resistir frente "a la subyugación y explotación extranjeras que puedan impedir la realización de ese derecho" [33].

Como respuesta, y para mantener su seguridad, Israel acudió a un esquema de retaliaciones que sería definitivo en los eventos del 7 de octubre de 2023: a cada ataque de Hamás, ha procedido a bombardear la Franja de Gaza sin ningún reparo por la población civil, y afectando gravemente las posibilidades de desarrollo de los palestinos que no solo han padecido la ocupación durante más de medio siglo, sino un estricto aislamiento deliberadamente llevado a cabo para imponer castigos colectivos en represalia a las acciones de Hamás. De esta forma, se han llevado a cabo agresivas operaciones militares en 2008, 2014, 2021 y 2022, en donde el número de bajas palestinas excede en gran magnitud a las de Israel. No se trata obviamente de imponer unas matemáticas frías de la muerte donde la gravedad sea proporcional al número —cada vida cuenta—, sino de hacer hincapié en la abismal diferencia en cada ataque sobre el nivel de destrucción a un lado y al otro. La población gazatí ha sido sometida, de manera sistemática, a cortes de electricidad, desabastecimiento y bajo acceso a agua potable, todo lo cual se expresa en una pobreza que roza el 80 % y una desocupación que sobrepasa el 60 %[34].

Israel ha optado por el reconocimiento de Hamás como rival militar, mas no como un actor político; esto quiere decir que en la práctica ha estado en disposición de llevar a cabo negociaciones en medio de la intensificación de la violencia con dos propósitos particulares, las treguas

33. Asamblea General de Naciones Unidas (21 de septiembre de 2022). *Nota del Secretario General. Situación de los derechos humanos en los territorios ocupados desde 1967*. Nueva York: Naciones Unidas: 8.
34. Restle, B. (13 de octubre de 2023). "La grave situación humanitaria en la Franja de Gaza". *Deutsche Welle*.

y la liberación de rehenes o presos políticos, dependiendo de las reivindicaciones. En cárceles israelíes hay miles de presos palestinos, muchos de ellos menores cuyos derechos elementales y procesales suelen ser desconocidos o violados. Varios menores ni siquiera saben por qué se encuentran detenidos en Israel que es uno de los pocos Estados de Occidente que de manera sistemática encarcela menores de edad en proporciones preocupantes (160 menores a comienzos de 2022, aunque sin duda el número aumentó el 2023 por la ofensiva contra Gaza)[35]. También se encuentran casos como el de Ahed Tamimi, una adolescente privada de su libertad durante ocho meses por abofetear a un soldado. El suceso se hizo célebre porque su primo recibió un fuerte impacto de bala de goma en la cabeza que le dejó secuelas permanentes.

Esto ha hecho que el número de detenidos palestinos sea muy alto y en repetidas ocasiones Hamás haya tratado de empujar acuerdos para lograr liberaciones masivas. El caso más renombrado fue la captura por un comando de milicianos del soldado israelí Gilad Shalit, que se encontraba prestando su servicio militar y tenía apenas 19 años, por lo que su retención causó conmoción en la sociedad israelí.

Desde mediados de los 90, las incursiones de palestinos para retener soldados y negociar a cambio de su libertad han causado traumas y generado espinosos debates en la nación vecina. En 1994, Hamás logró la captura del soldado Nachson Wachsman, de 19 años, la misma edad de Shalit, y pedía a cambio de su liberación la salida de 200 palestinos presos. Tel Aviv se negó a cualquier negociación y al sexto día el ejército lanzó una operación de asalto en la que el rehén fue asesinado, junto a otro soldado que participaba de la operación[36]. Su

35. Se sugiere leer reportaje detallado sobre el drama de los menores palestinos detenidos en Israel. Álvaro-Navarro, M. (9 de febrero de 2022). "En la cárcel sin saber por qué: la vida de Amal y otros menores palestinos detenidos sin cargos ni juicio en Israel". *El País.*

36. Jerusalem Post (7 de noviembre de 2019). "Twenty-five years after IDF soldier was killed, friends save lives in his name". *Jerusalem Post.*

asesinato dejó una profunda cicatriz en los israelíes, que empezaron a dimensionar una cruel paradoja. Israel se había dotado de armas nucleares (se calcula su potencial en unas 150 ojivas nucleares), contaba con modernos aviones de combate F, tenía uno de los ejércitos mejores dotados del mundo, blindados y control absoluto de sus fronteras; pero todo lo anterior parecía inocuo frente a acciones como las tomas de rehenes como las que desde los años 90, tanto Hamás como Hezbollah han intentado.

2006 fue un año crítico. En junio, Hamás retuvo a Shalit y poco menos de un mes después Hezbollah hizo lo mismo con dos soldados más. Ehud Olmert, en ese entonces premier, se negó a cualquier negociación con la milicia chiita libanesa y procedió a bombardeos en el sur del Líbano que dejaron un catastrófico saldo humanitario por la acostumbrada desproporción en el uso de la fuerza. Como testimonio, quedó el ataque a Qana el 30 de julio, un bombardeo en el que fueron asesinados 50 civiles, entre ellos 27 niños y 15 discapacitados[37]. El guion siempre es el mismo: castigo colectivo por las acciones de los enemigos declarados de Israel. Hasta la fecha, no hay un solo responsable juzgado por esos crímenes de guerra; los dos soldados israelíes murieron y más de mil libaneses fueron asesinados.

En contraste, el caso de Shalit tuvo un final feliz, si se permite la expresión en un caso de tanto drama. En octubre de 2011, cinco años después, Netanyahu pactó con Hamás la liberación de 1027 prisioneros palestinos, 477 antes de la entrega de Shalit y posteriormente 550. Tanto Hamás como Tel Aviv justificadamente consideraron el acuerdo como una victoria. Este fue, si se quiere, uno de los puntos de inflexión en la historia de Hamás, pues demostró una capacidad de incidencia para negociar con Israel y empezó a dar signos de pragmatismo. En adelante, esta capacidad de diálogo y adaptación en medio de un discurso islámi-

37. Espinosa, A. (30 de julio de 2006). "Matanza de civiles en el sur de Líbano". *El País*.

co para generar niveles de cohesión y popularidad se convertirán en uno de sus rasgos más sobresalientes.

Para entender a Hamás en su complejidad y evitar los simplismos, se sugiere revisar la tesis doctoral de Leïla Seurat publicada por el prestigioso Centro Nacional para la Investigación Científica en Francia en 2015[38]. La idea central consiste precisamente en desmitificar el peso religioso en las prácticas de Hamás, para partir de la idea de que, al haberse convertido en una suerte de 'cuasi Estado', optó por la flexibilidad en aras de legitimarse interna e internacionalmente, y fue dejando la rigidez ideológica como suelen hacer los terroristas. A diferencia del Estado Islámico, que fue equiparado con Hamás por Emmanuel Macron en medio de la guerra de octubre del 2023, no busca un rompimiento con el orden internacional sino adaptarse e integrarse a él. La mejor prueba de ello han sido las al menos tres coyunturas (2005, 2007 y 2017) en las que ha manifestado disposición de abandonar uno de sus principios fundacionales, la destrucción de Israel, la renuncia al sueño de la Gran Palestina (consecuencia de lo anterior) y volver a las fronteras previas a la Guerra del 67.

38. Seurat, L. (2015). *Le Hamas et le monde.* París: CNRS.

3. La guerra entre Hamás e Israel

A medida que la amenaza contra Israel va dejando de ser externa y se origina en condiciones internas, en especial por la acumulación de poder de Hamás, todos los esfuerzos por garantizar su seguridad van a terminar por erosionar la democracia y en los últimos 16 años, desde que el grupo islámico tomara por la fuerza Gaza, el sistema político se desdibujaría por completo. Un escenario observable en dos circunstancias: en primer lugar, la paz desapareció casi que por completo de la agenda israelí y solo restan algunas oenegés interesadas en promover un proceso de diálogo con los palestinos; a partir del incremento de la violencia, estas organizaciones conducirán sus acciones a la denuncia de las violaciones sistemáticas de derechos de la población palestina. En segundo lugar, la estrategia propuesta por los gobiernos conservadores, en cabeza especialmente de Netanyahu, consistiría en la retaliación y el castigo colectivo. Desde los años 70, Tel Aviv había insistido en que, para la garantía de su seguridad, dispondría de armas nucleares, bajo el entendido de la efectividad comprobada de la doctrina de disuasión nuclear que consiste en aumentar los costos de la guerra para que los actores en posesión de estas armas descarten de tajo una confrontación, ya que esta supondría la destrucción mutua[39]. En la medida en que la disuasión nuclear de poco a nada servía frente a las amenazas internas (en realidad, desde los territorios ocupados) Netanyahu optó por una serie de bombardeos indiscriminados para que, apoyados en la idea del castigo colectivo, lograsen reducir el apoyo popular a Hamás o, más recientemente, a la Yihad Islámica, grupo islámico asociado a Irán. Es decir, se pasó de la certeza absoluta, de la supremacía en seguridad, a la vulnerabilidad frente a actores irregulares. Este cambio de estrategia tendría implicaciones significativas en el cambio

39. Tertrais, B. (2008). "Le concept de dissuasion nucléaire". *L'arme nucléaire.* 1 (2): 29.

en la correlación de fuerzas, y terminaría por afectar la imagen israelí en el mundo, pues quedaría al descubierto que la estrategia de seguridad se ejecuta a expensas de los derechos humanos y en contravía del derecho internacional humanitario (DIH).

Y, en tercer lugar, la comprobación del fracaso que supuso esta estrategia ocurrió el 7 de octubre de 2023 cuando Tel Aviv sufrió la peor derrota militar de su historia y más de 1500 civiles fueron brutalmente asesinados y casi que dos centenares retenidos a la fuerza por Hamás. Nunca antes, Israel había quedado tan expuesto no solo por la humillante puesta en evidencia de sus vulnerabilidad —en especial de un gobierno que se mantuvo en el poder vendiendo la idea de ser el único capaz de mantener la seguridad— sino porque la respuesta consecuente terminó por corroborar y legitimar las denuncias de quienes durante años han advertido por una deshumanización de los palestinos con el aval no solo del radicalismo israelí, sino del conjunto de sus instituciones y de un segmento considerable de la población que ha asistido impasible a la consolidación de un *apartheid* y una limpieza étnica.

En este tercer capítulo, el lector entenderá de qué forma el cambio en la percepción de las amenazas aleja a Israel de los ideales democráticos y el sistema político se ha deslizado hacia un régimen que paulatinamente se irá deshaciendo de cualquier rasgo pluralista. Paralelamente, se fue abandonando la lógica de una guerra irregular por una híbrida, exponiendo significativas vulnerabilidades israelíes a medida de lo cual va surgiendo un círculo vicioso, entre más sensible ha sido Tel Aviv, más desproporcionada y autoritaria ha sido la respuesta. En resumidas cuentas, se puede constatar que entre más expuestas queden sus debilidades, con mayor frecuencia se recurre a prácticas que denigran los derechos humanos y el DIH.

Vigilancia y control: hacia un totalitarismo

Desde el incremento de la violencia por la toma de Hamás de Gaza en 2007, Israel apuntó al control de su seguridad en dos frentes. De un lado, mantuvo en Cisjordania una especie de ley marcial, dejando el control en manos de militares que, muy rara vez, rinden cuenta de sus acciones; con eso se aceleró el proceso de colonización, la destrucción de casas palestinas con el subsecuente desplazamiento forzado, los hostigamientos, las provocaciones, las ejecuciones y alcanzando un nivel altísimo de detenciones administrativas, solamente visto durante la segunda intifada a comienzos de siglo. Se trata de capturas por sospecha, sin cargos y sin una orden judicial efectuadas por la policía y que ha servido para todo tipo de abusos e intimidaciones contra la población en Cisjordania. Para julio de 2023, se habían acumulado un total de 1132 detenciones[40] de este tipo, a pesar de las fuertes críticas de organizaciones de derechos humanos como Amnistía Internacional, *Human Rights Watch* o la israelí *HaMoked*. Este esquema constante de asedio, vigilancia, y persecución —que incluye asesinatos— ha llevado a que algunas de estas oenegés califiquen la situación de *apartheid*, limpieza étnica e, incluso, genocidio. Funcionarios de Naciones Unidas han reconocido tener todos los elementos para calificar de *apartheid* la forma como se somete a una exclusión estructural a los palestinos en Cisjordania y a los 2 millones de árabes que habitan en Israel, pero que tienen una ciudadanía de segunda categoría con señalamientos constantes y discriminaciones avaladas por el establecimiento. Las destrucciones con buldócer de los hogares palestinos y los despojos de sus tierras ocurren con todo el aval, no solo de la clase política o de los partidos más radicales, sino de la Corte Suprema de Justicia, cuya independencia suele ser motivo de orgullo para los israelíes cuando se trata de autodenominarse como la única democracia en Oriente Medio.

La legalización y legitimación de la ocupación por parte de ramas del poder público comprueba la manera en que Israel se desliza de un régimen que puede justificar el recorte de libertades ante la inminencia

40. Swissinfo (2 de julio de 2023). "Récord de 1.128 palestinos en detención administrativa en Israel, sin cargos ni juicio". Agencia de Noticias Swissinfo.

de una amenaza extraordinaria, hacia un sistema totalitario que suele justificar el cercenamiento de garantías en la defensa de la nación, exacerbando el discurso del enemigo interno y externo, tal como ha sucedido en los últimos años.

El totalitarismo es uno de los regímenes no democráticos por excelencia, junto al autoritarismo y a la dictadura. Consiste en un estado permanente de vigilancia y, a diferencia de los autoritarismos y dictaduras, su principal característica no es necesariamente la concentración de los poderes, sino el control absoluto sobre la población. Esto se justifica en la promesa de una sociedad mejor empujada por unos valores extraordinarios y cuyo alcance justifica esa condición constante de vigilancia horizontal consistente en una ciudadanía que se vigila a sí misma y cuyo resultado más patente es la aniquilación de toda diferencia entre sociedad civil y Estado, pues este último todo lo copa. Los ejemplos más significativos ocurrieron en el siglo XX con la Unión Soviética durante el periodo de Josef Stalin (1924-1953), el nacionalsocialismo en Alemania y con el fascismo en Italia. Este concepto fue acuñado por Hannah Arendt, quien postuló que su esencia estaba no solo en este control estricto, sino en el terror que producía y que les permitía a los gobernantes un poder absoluto, imposible de contrarrestar. La esencia del totalitarismo consiste en el ejercicio de una autoridad, apoyada en el miedo absoluto al castigo o a la represalia en medio de un ambiente donde no existe el individuo, pues el Estado con su doctrina totalitaria niega toda singularidad.

Arendt esbozó una serie de características para los totalitarismos y cuya mayoría refleja a cabalidad la transformación del aparato político israelí[41]: (a) concentración del poder en un líder; (b) transformación de los partidos políticos en movimientos de masas; (c) la apelación al miedo y al terror para ejercer control sobre la ciudadanía; (d) erosión y destrucción paulatina de libertades y garantía de derechos; (e) uso de la propaganda y del sistema educativo para adoctrinar; (f) centralización

41. Arendt, H. (1974). *Los orígenes del totalitarismo.* Madrid: Taurus.

de la economía; y, (g) el vaciamiento del derecho de su deontología natural para ponerlo al servicio de un proyecto de Estado, incompatible con la democracia.

En el caso de Israel no se presentan de forma clara todas estas características, por ejemplo, la centralización de la economía propia del comunista soviético o socialismo real, ni la concentración de poder en un líder que lleva a las masas a una supuesta liberación; menos aún, movimientos de masas que reemplazan a los sistemas de partidos. No obstante, se observa un establecimiento en manos de radicales que controlan las instituciones con ideas justificadas en la existencia de un enemigo interno y donde la esencia del totalitarismo termina apareciendo cuando a partir del terror se ejerce control sobre una población determinada, y que se puede clasificar en tres segmentos: la población árabe que habita en Israel; los palestinos de Cisjordania sometidos a la ley marcial que se expresa en un *apartheid* y los gazatíes, que llevan la peor carga, pues son los que con mayor frecuencia son víctimas de un castigo colectivo. Tel Aviv siempre está vigilante respecto a la vida de los palestinos. Ninguna nación del mundo podría sobrevivir a este Estado constante de control, vigilancia y castigo; es como si las intervenciones brutales de la Unión Soviética en Hungría en 1956 y en la entonces Checoslovaquia en 1968 se hubiesen extendido por décadas.

Uno de los problemas con la aplicación del totalitarismo es que su uso ha sido asociado a la defensa del "Occidente libre del comunismo" como en los trabajos de reputados politólogos como Raymond Aron, Carl Friedrich, Leonardo Schapiro o Juan Linz. Aron dedicó buena parte de su obra a la definición paradigmática del totalitarismo con cinco características, algunas de las cuales coinciden con las referenciadas en los trabajos de Arendt: (a) El partido goza de un monopolio de la actividad política; (b) El "partido monopolio" está inspirado por una ideología que le confiere una autoridad absoluta, por lo cual es incontestable y se convierte en la verdad oficial; (c) Para asegurar la expansión de esta verdad oficial o doctrina de Estado, el régimen se dota de un doble monopolio, fuerza y persuasión. Éste controla los medios de comunicación; (d) El

Estado se vuelve inseparable de su ideología; y, (e) Cualquier atentado contra la ideología imperante se castiga, por tanto, se impone un terror que es "policivo e ideológico"[42]. Como resulta obvio, Aron se inspiró en la Unión Soviética, por lo que esta definición no parecería calar fácilmente en algunos de los sistemas políticos de Occidente.

El otro inconveniente para abordar el autoritarismo, que también refleja un sesgo, pasa porque la presunción de que, con la post Guerra Fría, los totalitarismos son cosa del pasado. No obstante, un deber que parece ineluctable es entender que incluso en democracias que se piensen plenas, las posibilidades de una deriva totalitaria son posibles. Claude Lefort, uno de los principales referentes de la filosofía política contemporánea, advirtió sobre la eventual reemergencia del totalitarismo en el siglo XXI:

> Claude Lefort no comparte el optimismo de aquellos que afirman que el totalitarismo ya fue depositado por la democracia en el basurero de la historia. Desde su mirada, la democracia moderna no ha encontrado ni en el presente ni en el futuro la vacuna contra el virus totalitario. Siempre que la incertidumbre que activa la sociedad democrática deviene insoportable por razones políticas, económicas o sociales; siempre que el deseo de pensamiento es sustituido por una exigencia desmesurada de creencias, aparece en el horizonte el fantasma totalitario[43].

El totalitarismo hoy es posible en Israel por la conjugación de varias circunstancias que hacen posible la emergencia de un establecimiento todo poderoso, cuyo principal rasgo no es la concentración de poder en un líder, o la estatización de la economía, sino en la imposición de que hay un deber superior a cada ciudadano y en nombre del cual de forma sistemática se aniquila a otra nación. Se debe, en buena medida, a la creencia fuertemente arraigada en el mundo de que los palestinos, al ser árabes y musulmanes, son una nación a civilizar y, en contraste, el Esta-

42. Aron, R. (1965). *Démocratie et totalitarisme.* París: Gallimard :284-285.
43. Ortíz Leroux, S. (23 de enero de 2011). "Claude Lefort: la democracia, negación del totalitarismo". *La Jornada* 829 (1).

do de Israel es reflejo de esa modernidad que se expresa en ser la "única democracia en Oriente Medio"; lugar común sin fundamento, pero que se ha convertido en divisa que repiten embajadores, políticos, periodistas y un sinfín de personajes que siguen pensando que el mundo árabe y musulmán es incompatible con la democracia. Esta visión se reforzó con los atentados del 11 de septiembre, por ende, con posterioridad al brutal ataque de Hamás del 2023, la reacción de varios gobiernos de Occidente hubiese sido la inmediata equiparación del grupo con *Al-Qaeda* y *Daesch*. El cálculo es simple: deshumanizar al enemigo para dar vía libre a todo tipo de vejámenes. Israel, más concretamente los partidos de derecha, convencieron interna e internacionalmente de que negociar con los palestinos no conduciría a nada y que estos no estaban interesados en la paz. Convirtieron el fracaso de Oslo no en un desacuerdo, sino en una generosa oferta que los palestinos arrogantemente rechazaron, pues siempre han preferido la guerra y su odio contra Israel les impide cualquier posibilidad de coexistencia pacífica. A medida que pasaron los años, la política se radicalizó y se empezó a imponer el voto, no solo de la derecha sino de su versión más extrema. Partidos como Meretz[44] o el Laborista[45], de alguna composición liberal o progresista, han venido marchitándose y en las últimas décadas no han tenido el más mínimo chance de gobernar. Ni siquiera Kadima, la apuesta centrista de Ariel Sharon, que buscaba un centro (inclinado a la derecha) ha podido trascender. El ocaso del centro y de la franja liberal fue sucedido por la llegada de partidos como Noam, de clara vocación anti derechos, en especial contra la población LGTBIQ+, Partido Sionista Religioso y Hogar Judío, estos dos de estirpe supremacista, es decir que consideran a los árabes palestinos como inferiores. Entre sus políticos han surgido todo tipo de expresiones racistas y muy violentas para justificar la aniquilación de

44. Partido pacifista de centroizquierda surgido a comienzos de los 90.
45. Fundado en los 60, fue durante mucho tiempo la principal referencia de la izquierda moderada. Sus líderes más destacados fueron David Ben Gurión y Simon Pérès.

sus vecinos. Todo lo anterior, ha acelerado vertiginosamente el genocidio del pueblo palestino.

La diferencia entre el surgimiento de movimientos de extrema derecha en Europa en el siglo XXI, con lo que ocurre en Israel es que en la mayor parte o bien son esporádicos y no pueden trascender, o se enfrentan a poderosas corrientes políticas que están en capacidad de contrarrestarlos. Con excepción de Hungría y Polonia, la extrema derecha no ha podido permanecer en el poder y cuando ha accedido ha debido moderarse por los márgenes estrechos de la democracia. Basta observar el caso de Georgia Meloni en Italia, de Boris Johnson en Reino Unido o incluso de Donald Trump, este último muy cerca de crear una catástrofe democrática ante su derrota en las urnas frente a Biden, pero en todos quedó claro que el Estado de derecho prevaleció. En Israel, durante los últimos 17 años y teniendo como contexto la guerra contra Hezbollah y Hamás la radicalización no ha tenido contrapesos representativos, salvo en la reforma que limitaba los poderes de la Corte Suprema de Justicia pero que en nada tenía que ver con el problema más agudo de la democracia israelí: la exclusión estructural de los palestinos.

A esto se suma como agravante mayor, que la comunidad internacional no haya hecho prueba de ningún interés en la democracia israelí, menos aún sus vecinos con quienes ha buscado normalizar las relaciones, todos con graves sindicaciones de violaciones de derechos humanos. Internacionalmente, no solo se ha pasado por alto la grave comisión de delitos por parte de las autoridades israelíes, sino que a quien los señala se le suele etiquetar de antisemita o incluso de simpatizante del terrorismo. A comienzos de 2022, Amnistía Internacional publicó un reporte con abundante evidencia empírica sobre la estructura en la que los palestinos son excluidos y, por tanto, concluía que había un esquema de *apartheid* en su contra. El *Wall Street Journal* en una enfática editorial consideró que el reporte era antisemita, y que buscaba la destrucción de Israel, eso sí, no hacía un solo comentario sobre el contenido de la evidencia y los argumentos de fondo presentados por Amnistía Internacional. Como si fuera poco, el artículo apuntaba a la oenegé como potencial aliado de Hamás, Hezbollah o Irán[46]. Incluso miembros de la política israelí como Yossi Sarid, Michael Ben-Yair, Ehud Barak o Ami Ayalon han reconocido que efectivamente la forma en que se trata a los palestinos refleja un esquema de *apartheid*. En esta misma línea se han expresado organizaciones israelíes como B'Tselem y Yesh Din[47].

Mark Le Vine es de los pocos académicos que sin ambages ha considerado como totalitario el sistema político israelí. En su texto *The Quantum Mechanics of Israeli Totalitarianism* pone en evidencia la hipótesis de que no hay ninguna ocupación tan extensa en la historia como la sufrida por los palestinos, ni tampoco antecedentes modernos de un crimen de Estado con niveles tan depurados y patentes de planificación, ejecución y violencia como el que ha trascendido en Cisjordania, Jerusalén, Gaza y los Altos del Golán[48].

La comunidad internacional ha hecho oídos sordos con excepción del sistema de Naciones Unidas, muy activo en la denuncia de estas prácticas, pero sin el poder de convocatoria suficiente. Entretanto, el terror sigue siendo el común denominador en los Territorios Ocupados donde cualquier asomo de denuncia, rebeldía o contestación es duramente reprimido.

El tránsito de una guerra asimétrica a híbrida

A partir de 2006 la violencia en Medio Oriente se agudizaría (secuestro de Gilad Shalit y guerra de los 33 días Israel-Hezbollah) y como consecuencia, empezaría a perfilarse una hegemonía sin antecedentes de

46. Wall Street Journal Editorial Board (enero 31 de 2022). "The 'Apartheid' Libel of Israel". *The Wall Street Journal.*
47. Mc Greal, C. (5 de febrero de 2022). "Amnesty says Israel is an apartheid state. Many Israeli politicians agree." *The Guardian.*
48. Le Vine, M. (2016). "The Quantum Mechanics of Israeli Totalitarianism". *State Crime Journal.* 5 (1): 9.

gobiernos de derecha israelíes que dejaría a los movimientos liberales, progresistas o de centro casi que por fuera del juego político. Entre 2005 y 2009, ocurrió el último intento por gobernar con una fuerza centrista que correspondió a Kadima, como se anotó, una apuesta para un nuevo equilibrio partidista por parte de Ariel Sharon. El gesto más relevante de este momento fue la decisión de evacuar 21 bloques de colonos de la Franja de Gaza y 4 colonias aisladas en el norte de Cisjordania en agosto de 2005. Por primera vez en la historia, se veía al ejército israelí sacando a colonos y ordenando sin ninguna contemplación su salida. Ahora bien, esto no significaba de ningún modo el fin de la ocupación de Gaza, ni un gesto de paz conducente a otorgar autodeterminación a los palestinos, a pesar de que los israelíes lo presentaron como un acto de buena voluntad y generosidad. En efecto, Tel Aviv no renunciaba al control de las fronteras por lo que, si bien la salida de colonos fue bien recibida por los palestinos, no significaba la autodeterminación, menos aún, cuando la ciudadanía palestina al año siguiente fue a las urnas y su elección no fue reconocida ni por Israel ni por la comunidad internacional.

El panorama del Medio Oriente en esos años era crítico. Estados Unidos había invadido Afganistán con apoyo de buena parte de la comunidad internacional, y cuando intentó lo propio con Irak se encontró con una justificada resistencia pues jamás pudo comprobar la existencia de armas de destrucción masiva, en concreto misiles balísticos con ojivas nucleares para atacar algún vecino o a países occidentales, tal como había denunciado Colin Powell, entonces secretario de Estado, ante el Consejo de Seguridad de Naciones Unidas. A este convulsionado ambiente se sumó en febrero de 2005, el asesinato de Rafik Hariri ex primer ministro libanés, víctima de un atentado con coche bomba. Inmediatamente, se apuntó a Siria como responsable por las posturas críticas del ex primer ministro contra la presencia marcadamente injerencista en Líbano. Conocida la noticia, miles se volcaron a las calles para exigir el fin de la presencia de los servicios de inteligencia sirios como había sido la constante histórica y tras un levantamiento que tuvo pleno respaldo de la comunidad internacional, la tutela siria se vio francamente reducida.

Eso sí, Hezbollah uno de los actores políticos más relevantes en Líbano y cercano a Damasco y Teherán, siguió gozando de una incidencia significativa y su cercanía con Siria da cuenta de una forma de influencia que aún preserva el régimen de Bashar ál-Asad. A estos eventos ocurridos en el Líbano se les denominó como la Revolución del Cedro. El poder de Hezbollah y de Siria estaba lejos de verse reducido regionalmente lo que se pudo comprobar un año después cuando la milicia chií retuvo a dos soldados israelíes y Tel Aviv lanzó una operación militar de rescate descartando cualquier negociación. Durante el primer día en la fallida operación de rescate 8 soldados israelíes murieron asesinados y por 33 días ese país atacó el sur de Líbano. Aquel incidente fue, sin dudas, el único antecedente similar a los ataques de Hamás del 7 de octubre de 2023. Aunque las dimensiones estuvieron lejos de alcanzar las de la operación de la milicia palestina, el enfrentamiento entre Tsahal (ejército israelí) y Hezbollah expuso varias de las vulnerabilidades israelíes y por primera vez en mucho tiempo, el país más fuerte de la zona en términos militares se retiró de una guerra con la sensación de no haber ganado. A partir de la Guerra de los 33 días, como fue conocido el enfrentamiento, se habló de la guerra híbrida como concepto para describir la evolución en la correlación de fuerzas entre estos grupos e Israel.

Con esto caótico mapa de sucesos la violencia pasó de enmarcarse de una *guerra de guerrillas* entre la OLP e Israel, a *híbrida* en la que Israel ha sido incapaz de capitalizar su superioridad militar. ¿En qué consiste esta transición en los patrones de confrontación? Antes que nada, se debe explicar la guerra de guerrillas o asimétrica que había sido hasta hace algunas décadas la principal apuesta de la resistencia palestina. Esta se basa en sacar provecho de las aparentes desventajas de quien posee menos capacidades en la correlación de fuerzas. Cuando dos bandos se enfrentan y existe una desproporcionada superioridad del pie de fuerza, tecnología, legitimidad internacional y entrenamiento, los más débiles en apariencia pueden convertir sus aparentes flaquezas en ventajas, por ejemplo, en materia de movilidad, costos y capacidad para mantenerse en el tiempo combatiendo. Al ser inferiores en el número de combatientes, históricamente las guerrillas han utilizado la estrategia del ataque y posteriormente la dispersión y como unidades de combate tan pequeñas, la inferioridad en el pie de fuerza termina siendo una ventaja. Los ejércitos regulares normalmente más numerosos, no pueden utilizar a su favor lo que en teoría es una ventaja. Bajo esta lógica, el propósito de los movimientos subversivos consiste en alargar la confrontación a sabiendas de que para los Estados es mucho más costoso mantener la guerra (económica y políticamente). Los gobiernos, al menos en sociedades donde hay contrapoderes y contrapesos, se enfrentan a la oposición, a un Congreso que exige resultados, están sometidos a ciclos electorales y tienen que enfrentar el debate público en los medios de comunicación, en donde es cada vez más difícil justificar una confrontación militar, en especial cuando ha transcurrido un tiempo significativo y no se ven resultados concretos. El caso más emblemático de lo anterior es la guerra de Vietnam que partió en dos la legitimidad estadounidense en el mundo y significó una fractura difícilmente reparable de su sociedad.

Es decir que la guerra de guerrillas supone relativizar las ventajas de las que goza un Estado o un actor regular para que a la larga se vuelvan en su contra. La subversión no busca una victoria total sobre su enemigo, pues sabe que la posibilidad es remota y, por ende, el fin último de la llamada "guerra de desgaste" consiste precisamente en mantenerse o en no perder. Tal como lo explicita Henry Kissinger, uno de los más influyentes ex secretarios de Estado estadounidenses en lo que respecta a la doctrina de contención del comunismo, "el ejército convencional pierde si no gana la guerra, la guerrilla gana cuando no la pierde"[49].

Al revisar las cifras de conflictos irregulares, es posible observar que, en la posguerra, la mayoría de los Estados va a experimentar problemas para sobreponerse a las guerrillas y derrotarlas. Entre 1850 y 1900, en el 79 % de las guerras se impusieron los Estados más fuertes; pero entre 1900 y 1949 —hasta la Segunda Guerra Mundial—, ese porcentaje se

49. Kissinger, H. (1969). "The Viet Nam Negotiations". *Foreign Affairs.* 47 (2): 40.

contrajo al 65 %. Aun así, en este extenso periodo parecía confirmarse la tesis lógica de que quien disponía de superioridad militar podría vencer y someter en la guerra. No obstante, desde la década de los 50 hasta finales de los 90, por primera vez en la historia, los actores que en apariencia eran débiles lograron imponerse en el 65 % de las guerras[50]. En este periodo se observan los casos de los ejércitos más poderosos siendo humillados por irregulares como ocurrió con EE. UU. en Vietnam, Afganistán o Irak, la Unión Soviética en Afganistán o Francia en Argelia o Vietnam (antes de la intervención estadounidense).

Para los gobiernos Occidentales en especial, la opinión pública se ha convertido en un factor clave para perder las guerras. Es casi imposible obtener apoyos y cuando finalmente se consiguen resultan de muy corta duración. Estados Unidos perdió la guerra de Vietnam, primera en ser televisada, cuando las imágenes del desproporcionado uso de la fuerza hicieron mella en la ciudadanía. Así nació un nuevo escenario de combate: la opinión pública. Para derrotar al ejército comunista del norte vietnamita, las tropas estadounidenses incurrieron en todo tipo de abusos y excesos como la aspersión de Napalm que dejó miles de víctimas fatales cuyos cuerpos dejaban testimonio sobre el nivel de la atrocidad alcanzado y que, en territorio norteamericano pocos habían siquiera imaginado. En 1968 ocurrió la masacre de My Lai en la que entre 350 y 500 civiles fueron asesinados por soldados estadounidenses con el agravante de que varias niñas y mujeres fueron previamente violadas[51]. Las imágenes crudas de cuerpos sin vida apilados en las peores condiciones le dieron la vuelta al mundo y para comienzos de los 70 esto se agravó cuando se conoció del involucramiento de la Agencia Central de Inteligencia (CIA por sus siglas en inglés) que había desempeñado un papel clave en interrogatorios donde la tortura era común denominador. Cinco años después de

50. Arreguin, Toft. I. (2001). "How the Weak Win the Wars? A Theory of Asymmetric Conflict". International Security 26 (1): 97.
51. Hernández-Echevarría, C. (25 de abril de 2022). "Crimen sin castigo: la matanza de My Lai" *La Vanguardia.*

comenzada la intervención, asociaciones de veteranos en Detroit lanzaron un informe donde documentaban que el asesinato de civiles no era un hecho aislado ni iniciativa de mandos medios, sino que hacía parte de toda una campaña planeada y ejecutada deliberadamente.

En 1968 con una serie de levantamientos en el mundo y sobre todo el emblemático escenario de París, aparecieron varias consignas que pedían el fin de la guerra de Vietnam y el juzgamiento de los graves crímenes que ya aparecían en los medios de comunicación. Jean-Paul Sartre referente no solo del existencialismo, sino de la figura del intelectual comprometido del siglo XX, no pudo permanecer indiferente frente a los pedidos de justicia. Por eso se sumó rápidamente a la iniciativa del Tribunal Internacional sobre Crímenes de Guerra que había establecido el matemático británico Bertrand Russell a mediados de los años 60. Este había propuesto la creación de un tribunal que no tuviera una jurisdicción precisa o nacional, sino que pudiera juzgar crímenes al margen de quienes fueran sus autores. La idea era que al margen de que fuesen Estados débiles o poderosos, quienes incurrían en crímenes de lesa humanidad o de guerra debían ser juzgados. Se trataba de garantizar que la justicia no fuera un privilegio que solo quienes ganaban las guerras podían administrar. Con este Tribunal se estimuló una consciencia internacional encaminada a ejercer presión para que no quedaran en la impunidad los vejámenes cometidos en las guerras.

Con este conjunto de circunstancias, la guerra se volvió insostenible no solo desde el punto de vista estratégico, táctico u operacional sino moral. Por eso en 1973 Washington anunció su retiro. Por eso no causan extrañeza, los fracasos rotundos de Estados Unidos en Medio Oriente con las intervenciones que desde comienzos de los 90 y en el marco de la unipolaridad pudo llevar a cabo. La historia de Israel en las últimas décadas es análoga. Cuando tuvo que enfrentarse a Hezbollah pensó que le bastaría la superioridad militar como había sido el caso de las guerras con los Estados árabes. La operación en el sur del Líbano de julio y agosto de 2006, bautizada como "Recompensa justa" buscaba la liberación de los dos soldados retenidos por Hezbollah y como propósito se planteó que se acabaría definitivamente con la milicia chií. Era la oportunidad perfecta que Tsahal había esperado para deshacerse definitivamente de unos de los enemigos regionales que más en aprietos había puesto su seguridad. Sin embargo, Hezbollah salió fortalecido. ¿Cómo lo logró? La guerra híbrida es —y ha sido— la respuesta. A diferencia de otros grupos radicales, este no busca la destrucción de Israel que considera imposible habida cuenta de sus capacidades militares, sino reducir su margen de maniobra e impedir que ejerza esa superioridad. El fin desde el punto de vista militar consiste en poner en tela de juicio "el mito sobre la imbatibilidad israelí", algo que parcialmente logró en la guerra de 2006. La otra parte de la estrategia de Hezbollah consiste en el ejercicio de una gobernanza en pro de la población chií mayoritaria en el sur libanés. Hassan Nasrallah su secretario general, fue el arquitecto a finales de los 80 de la estrategia de asistencia para la construcción de escuelas y hospitales tras la destrucción de la guerra civil, con lo cual se ganó el aprecio de un sector considerable de la población. Por esa época se abrió la emisora radial Al-Nour y la cadena televisiva Al-Manar. En 1992 apoyado en esta popularidad decidió participar de las elecciones y Hezbollah se estrenó en la gestión del poder con 8 escaños. Desde ese entonces, entendió el valor del pragmatismo y a diferencia de grupos radicales sunnitas, no existe un rechazo tajante del establecimiento, sino la idea de que es más efectivo combatir formando parte de él.

Cuando en esta confrontación, y como ya se anotó, Israel lanzó el bombardeo a Qana despertó toda la condena internacional; no solo por los cientos de víctimas civiles y en especial niños que perdieron la vida, sino porque obligó a casi un millón de personas a abandonar sus hogares, en un país cuya infraestructura civil quedó seriamente averiada por los ataques indiscriminados. Un solo ataque israelí es equivalente a los daños causados por 2500 *rockets* lanzados por Hezbollah[52]. La ineficacia

52. Goya, M; Brillant, M.A. (2013). *Israël contre le Hezbollah. Chronique d'une défaite annonce. 12 juillet-14 août.* Monaco: Rocher

producto de unas capacidades desmesuradas ha dejado de expresarse en superioridad e Israel ha comprobado amargamente que no por tener más recursos es más eficiente en las retaliaciones. La operación en Líbano en 2006 dejó la sensación de que por primera vez en mucho tiempo Israel enfrentaba un serio fracaso militar y perdió parte de la simpatía internacional por sus excesos. Así lo confirmó el informe *Winograd*, redactado por una comisión independiente que llegó a la conclusión de que se cometieron varios errores entre los que sobresalen "entrar a una guerra sin una estrategia de salida constituye un serio fracaso" y reconfirmó lo que ya sabía la opinión pública, la operación no pudo conseguir ninguno de los objetivos y terminó costando la vida a miles de inocentes.

Todavía en el poder Ehud Olmert lanzó una segunda operación, esta vez en Gaza, 'Plomo Fundido', que tenía como objetivo detener el lanzamiento de *rockets* artesanales por parte de Hamás. La ofensiva que se desarrolló a finales de 2008 fue una de las primeras consecuencias de la toma del poder a la fuerza por parte del grupo islámico. Aunque Olmert anunció una victoria sobre Hamás y aseguró que su capacidad de combate había quedado seriamente afectada, las voces más radicales en Israel criticaron la operación que consideraron muy costosa para la imagen del país y apartada de los objetivos. Si bien Hamás sufrió bajas considerables (entre 500 y 600) se estima que unos 15 mil combatientes seguían en actividad, buena parte de los túneles destrozados serían reconstruidos una vez el cese al fuego y la imagen de Israel quedaría seriamente damnificado. Bolivia, Mauritania y Venezuela suspendieron los vínculos diplomáticos, Qatar decidió el cierre de una agregaduría comercial israelí en Doha y el entonces primer ministro turco Recep Tayyip Erdogan emitió duras críticas contra un Estado que desde la posguerra había sido aliado militar. Pero sin duda, Plomo Fundido es un punto de inflexión porque por primera vez se habló seriamente en el escenario internacional de la comisión de delitos de guerra y de lesa humanidad por parte de Israel, una acusación cada vez más constante y que terminaría convirtiéndose en una reivindicación de oenegés, instituciones internacionales y algunos Estados, en especial del sur global. En septiembre de 2009, el juez surafricano Richard Goldstone en desarrollo de un mandato de Naciones Unidas acusó de manera directa a las autoridades israelíes por el uso indiscriminado de la fuerza y mencionó los crímenes de guerra y de lesa humanidad. La acusación fue tajantemente rechazada por Israel y su primer ministro Olmert. El episodio se terminó saldando con el pedido por parte de Consejo de Derechos Humanos de la ONU para que las autoridades israelíes investigaran esos crímenes que costaron la vida a más de 1400 civiles palestinos. Sin embargo, la justicia israelí rechazó los cargos por violación al DIH y los crímenes de guerra y lesa humanidad evocados por el informe Goldstone. Esto comprueba el giro totalitario en Israel en el que se utiliza el poder judicial para legalizar y legitimar una serie de acciones dentro del marco de la ocupación y que buscan que no haya antecedentes de militares juzgados para que en Cisjordania siga operando la ley marcial y en Gaza funcione la estrategia de garantizar la seguridad por la vía de ataque y bombardeos sistemáticos y desproporcionados. En ningún sistema jurídico de una democracia liberal los crímenes cometidos en Gaza a lo largo de 2008 hubiesen sido desestimados de una manera tan categórica como ocurrió con la justicia israelí.

En 2012 Israel volvió a bombardear Gaza y a incursionar con el objetivo de detener el lanzamiento de roquetes por parte de Hamás y en algunos casos del grupo Yihad Islámica. Se trata de la misma lógica de los enfrentamientos pasado, pero con una novedad que no era menor, se estrenó el escudo antimisiles Domo de Hierro que, desde entonces, le ha permitido interceptar buena parte de los ataques lanzados por Hamás. Esto se complementó con una ofensiva terrestre en la que procuraba un número significativo de bajas, pero por mediación del presidente egipcio Mohammed Morsi de la Hermandad Musulmana (quien había accedido al poder tras la Primavera Árabe pero luego fue derrocado por un golpe militar) se llegó a un cese al fuego. En una semana de enfrentamientos fueron asesinados 177 palestinos y entre ellos 26 menores de edad[53].

53. Drouet, C. (16 de julio de 2014) "Troisème guerre à Gaza en moins de six ans". *Le Monde.*

Dos años más tarde, Israel lanzó otra operación militar 'Borde de protección' y en ella asesinó a 2200 palestinos. Tel Aviv anunció que había destruido 32 túneles y Netanyahu en cabeza de la intervención como primer ministro, aseguró que se había atrofiado seriamente la capacidad de Hamás para atacar a Israel. Con posterioridad a esta guerra, se pensaba que efectivamente el Movimiento de Resistencia Islámica había quedado debilitado y solamente la Yihad Islámica, estaba todavía en capacidad de agredir. No obstante, el fiscal general israelí, Yossef Shapira consideró que la operación tuvo importantes niveles de improvisación, y advirtió sobre la falta de información sobre el terreno y fustigó el hecho de no tomar en cuenta la "desastrosa situación humanitaria" en Gaza[54]. Su advertencia fue reveladora sobre la violencia del futuro. Brasil, Chile y Perú llamaron a sus embajadores en Tel Aviv por la desproporción en el uso de la fuerza. Esto ya dejaba ver que en América Latina empezaban a surgir voces para protestar contra un modus operandi en contravía del DIH y los derechos humanos.

En 2021 se llevó a cabo la última ofensiva en Gaza antes de la extensa guerra del 23. En mayo, Tel Aviv emprendió un nuevo ataque por retaliación contra Hamás con la idea de poder neutralizar a sus dos principales referentes en el terreno, Mohammed Deif cabeza de las brigadas Al Qassam —cerebro del ataque del 7 de octubre—; y Yahya Sinouar principal líder del brazo político en la Franja de Gaza. El saldo de esta incursión fue como en el resto, desproporcionado, 12 israelíes contra más de 250 palestinos asesinados y sin un claro vencedor y con una comunidad internacional que empezó a habituarse a esta violencia sin ninguna capacidad de reacción. Solo aparecieron declaraciones diplomáticas insulsas llamando a la calma, pero sin ningún asomo por la puesta en marcha de un plan de paz estructural para una estabilidad duradera.

Los episodios de 2008, 2012, 2014 y 2021 tienen un común denominador: en ninguno, Israel pudo obtener una victoria militar; las denun-

54. Smolar, P. (28 de febrero de 2017). "Israël était mal préparé à mener la guerre à Gaza, en 2014". *Le Monde*.

cias por crímenes de guerra y la insistencia por los de lesa humanidad denunciados previamente empezaron a multiplicarse; y Tel Aviv quedó con la engañosa sensación de que los bombardeos en Gaza desincentivaban la violencia y debilitaban a Hamás. En realidad, en cada ataque se fortalecía y se adaptaba para combatir mejor a su rival, hasta el punto de que empezó a entender las principales debilidades del ejército mejor dotado de la zona.

Este panorama previo al trágico octubre de 2023 no se entiende sin la agudización de la violencia y la radicalización de los discursos tras los cuatro años de Donald Trump en los que los retrocesos fueron frecuentes y empoderaron para mal al ala más radical del espectro ideológico israelí. Trump optó por: (a) apoyar sin ninguna condición el proceso de colonización en Cisjordania; (b) romper el equilibrio y el consenso sobre la necesidad de no reconocer a Jerusalén como capital del Estado judío y trasladó la sede diplomática desde Tel Aviv a la ciudad que en los 80 el extremismo israelí había definido como capital "eterna e indivisible"; y, (c) propuso un "plan de paz", sin ninguna vocación, orientado según ese sustantivo y que preveía la insólita condición para los palestinos de acceder a un Estado sin ejercicio de soberanía. Se trataba de una salida humillante que no solo cercenaba cualquier posibilidad de autodeterminación y supervivencia de Palestina como nación, sino que vino acompañado de un chantaje, en el que se condicionaba toda la ayuda por vía de cooperación de la que es extremadamente dependiente la Autoridad Nacional Palestina. La asfixia en los cuatro años de Trump solo agravó las condiciones e hizo pensar que era inviable una negociación entre iguales y que la única posibilidad para un Estado palestino reconocido por la comunidad internacional era su capitulación. Por obvias razones esto no generó consensos ni en Cisjordania, ni en Jerusalén y menos aún en Gaza. Con una Palestina acorralada, humillada y, para colmo de males, condenada al ostracismo y a la invisibilidad se fueron gestando las condiciones para que Gaza que se había convertido en una "olla a presión" como dice la internacionalista y experta en Medio Oriente, Margarita Cadavid Otero, finalmente estallara de la peor manera. A los palestinos se les condenó peligrosamente a padecer hasta el punto de que llegaron a sentir que tenían nada que perder. Así terminaron no reaccionando, sino estallando.

El fatídico 7 de octubre ¿cómo llegamos allí?

El Secretario General de la ONU António Guterres provocó la irá israelí cuando aseveró que los ataques de Hamás "no venían de la nada", tratando de recordar que la violencia estructural ejercida durante más de medio siglo de ocupación era un factor explicativo de la coyuntura. Aunque Tel Aviv presumió una justificación de las acciones de Hamás, el argumento de Guterres resulta tan lógico como fácilmente comprobable. La violencia estructural se entiende como un conjunto de agresiones contra una población a la que se despoja de los mínimos elementales materiales para su desarrollo. En mayo de 2021, la Corte Suprema de Justicia israelí, cada vez más alineada con los intereses de la extrema derecha, autorizó las expulsiones de palestinos en Jerusalén Oriental, un territorio muy sensible, dando paso a una aceleración de la colonización no solo en Cisjordania como había venido ocurriendo, sino en el espacio que los palestinos reivindican como su capital. Esto vino acompañado de declaraciones cada vez más racistas o violentas por parte de miembros del gabinete de Netanyahu con aseveraciones como que "el pueblo palestino no existe" [55] (marzo de 2023) invitaciones a "arrasar las aldeas palestinas"[56] (marzo de 2023) o que "el derecho de los colonos en Cisjordania, es más importante que el de los palestinos"[57] (agosto de 2023).

55. Pita. A. (20 de marzo de 2023). "El pueblo palestino no existe": las declaraciones de un ministro israelí despiertan la condena internacional. *El País.*
56. La Voz de Galicia (3 de marzo de 2023). "El ministro de Finanzas israelí pide "arrasar" la localidad palestina de Huwara". *La Voz de Galicia.*
57. Courrier International (24 de agosto de 2023). "Pour Itamar Ben Gvir, la présence des colons en Cisjordanie prime sur la liberté de mouvement des Palestiniens". *Courrier Internacional.*

Esto fue acompañado de prohibiciones a ondear banderas de Palestina, las interrupciones constantes para el ejercicio de la oración en las mezquitas, la violencia cada vez más sistemática de colonos contra palestinos en las que contaban con pleno respaldo del ejército israelí o varios casos asimilables al de George Floyd en Estados Unidos, pero que cometidas en Cisjordania o Jerusalén no tuvieron eco internacional. Imposible no ver en este panorama un dramático cuadro de violencia estructural y cultural con el agravante de que a punta de colonización en estos años se fue acelerando el proceso de limpieza étnica. Ilan Pappé escribió una extensa y detallada obra *La limpieza étnica de Palestina,* en la que no solo describe cómo desde mayo de 1948 existe un plan sistemático para establecer un Estado exclusivamente judío a expensas de la población árabe-palestina, sino que para colmo de males se concreta de cara a la comunidad internacional, con una cantidad inédita de información que circula y que confirma un crimen de lesa humanidad que no ha sido de ninguna manera advertido según sus proporciones colosales. La narrativa israelí que ha prevalecido es la de los "traslados voluntarios"[58], una historia de imposible digestión.

A mediados de 2021 en Jerusalén Oriental en el barrio de Sheij Yarrah de predominancia palestina, la justicia israelí ordenó varios desalojos de familias palestinas que allí han vivido por décadas. Sin embargo, se trata de una lucha desigual en favor de los colonos que con todo el apoyo de Tsahal, la Corte Suprema de Justicia y equipos de abogados han ejercido todo tipo de presión sobre palestinos desde llegar a un acuerdo para vivir como inquilinos de colonos, hasta ser expulsados por la fuerza. En medio de las tensiones, se produjeron enfrentamientos en los que la Yihad Islámica y Hamás lanzaron *rockets* contra el sur de Israel (Ascalón) y en represalia Tel Aviv ordenó nuevamente bombardeos sobre Gaza. Por primera vez en mucho tiempo, Hamás se inmiscuyó en la cuestión relativa a Jerusalén que hasta entonces había sido gestionada

58. Pappé, I. (2008) *La limpieza étnica de Palestina.* Barcelona: Crítica: 13.

y reivindicada por la ANP. Ese fue el antecedente más importante de violencia entre la milicia e Israel al que se sumó el otro grupo gazatí Yihad Islámica, quien como ya se acotó, es reconocido por sus vínculos con Teherán.

El caso de Sheij Yarrah es interesante porque se trata de un barrio palestino donde las relaciones con judíos israelíes fueron siempre fluidas e incluso varios ciudadanos de ese Estado expresaron solidaridad con sus vecinos palestinos cada vez que había amenaza de desahucio por parte de colonos. Una información que muestra una solidaridad genuina árabe israelí (casi que milagrosa dadas las circunstancias): entre 2009 y 2011 todos los viernes en las tardes políticos, escritores, artistas y gente joven se congregaban bajo la divisa "solidaridad" para protestar frente a posibles expulsiones de palestinos de sus hogares. Mohammed Al Kurd protagonista del documental *My Neighborhood* que fue galardonado en el Festival Tribeca con el premio Peabody en 2013, cuenta cómo durante las manifestaciones se conmovía y sorprendía por ver a israelíes apoyando a palestinos[59]. Pero luego ese movimiento espontáneo de apoyo se fue diluyendo en el tiempo a medida que la política y la sociedad israelíes se fueron radicalizando y desentendiéndose de la tragedia palestina.

Parece haber un correlato entre la indiferencia de la ciudadanía en Israel con la aceleración de la violencia contra los palestinos por parte de Tsahal. Las últimas grandes manifestaciones en ese país, en nada tienen que ver con indignación por la limpieza étnica o los abusos cometidos contra palestinos. Para la muestra, el silencio tras el asesinato de la periodista de *Al Jazeera*, Shireen Abu Akleh, que como se verá, es simplemente injustificable y desconcertante para una sociedad que se autoproclama como liberal, demócrata y plural. Se trata de una exclusión que no es esporádica, sino que traspasa las acciones aisladas y desconectadas para convertirse en una política de Estado, instituciona-

59. Wildman, S. (9 de abril de 2013). "Facing Eviction in Sheikh Jarrah". *The New Yorker.*

lizada y donde el común denominador ha sido la violencia cultural y estructural. Sin ese contexto, imposible entender lo sucedido con Hamás en octubre de 2023.

Johan Galtung definió la violencia estructural como todo constreñimiento o limitación al potencial humano a través de estructuras económicas y políticas[60]. Es decir, se trata de cortar de forma deliberada las posibilidades de desarrollo a las que tiene derecho una nación, sociedad o grupo negando el acceso a recursos y derechos vitales como el agua, la alimentación, la salud, la educación, el goce del principio de autodeterminación o el acceso a un sistema de justicia equilibrado y garantista. Lo más grave de esta violencia es que se institucionaliza y, por tanto, se ejerce legal y legítimamente a través de un esquema de poder donde se tolera y se admite. Se suele pensar que la única forma de violencia es la directa, es decir, aquella agresión física ejercida de forma patente contra un individuo o grupo. En contraste, la violencia estructural se mimetiza en el poder, pasa desapercibida y no existe consciencia respecto de su gravedad, pues incluso se suele pensar que quienes tienen grandes carencias lo merecen por no haber trabajado lo suficiente. Basta recordar la ola de movimientos de extrema derecha en el mundo que han preconizado con éxito el darwinismo social, "sálvese quien pueda", y la idea de que el Estado está exento de cualquier responsabilidad por otorgar unos mínimos vitales.

En este marco la violencia cultural también es clave porque facilita el ejercicio de la agresión estructural, a través de la idea de que existe una cultura superior llamada a civilizar a otros pueblos. Por tanto, quienes ejercen esa violencia lo hacen en nombre de la civilidad y el progreso y a quienes se somete se les suele ver como "salvajes, bárbaros" o paradójicamente como violentos[61].

60. Galtung, J. (1969). "Violence, Peace and Peace Research". *Journal of Peace Research.* 6 (3): 169.

61. Galtung, J. (1990). "Cultural violence". *Journal of Peace Research.* 27 (3): 291.

Esta violencia estructural se expresó en dos episodios dramáticos que fueron ignorados y que dieron cuentan de la normalización de la violencia en contra de los palestinos y de la forma como el mundo se habituó a los crímenes de lesa humanidad y de guerra en Cisjordania y simplemente aceptó que Gaza fuese convertida en una prisión a cielo abierto, una fórmula repetida pero que dejó de generar conmoción. El primero ocurrió con el asesinato de la periodista palestino-estadounidense Shireen Abu Akleh el 11 de mayo de 2022, cuando se encontraba reportando choques entre el ejército israelí y la resistencia palestina. La comunicadora de la cadena catarí *Al Jazeera* fue asesinada de un disparo en la cabeza cuando portaba todos los distintivos como reportera, incluido el chaleco antibalas y un casco. Israel negó cualquier responsabilidad y se apresuró a través de su primer ministro, Neftalí Bennet, a asegurar que el disparo había provenido por parte de la resistencia palestina, invocando un video subido a la red social X. Sin embargo, los testimonios, fotos y videos de varias organizaciones de derechos humanos *in situ,* así como las versiones de otros medios que se encontraban cerca del lugar, pusieron en tela de juicio la tesis israelí a todas luces impuesta a la fuerza y preparada según el guion de que cualquier crimen cometido en medio de los enfrentamientos es responsabilidad absoluta de los palestinos. Medio año después y tras las investigaciones llevadas a cabo por Estados Unidos, se impuso una conclusión con resultados ambivalentes, todo ello de manera deliberada. El reporte final señaló que era altamente probable que se tratara de un disparo proveniente del ejército israelí, pero era imposible determinarlo con certeza. Se desestimaron testimonios, videos y fotos y se reconoció tácitamente que finalmente las fuerzas israelíes causaron su muerte; pero, como es costumbre, Israel no llevó a un solo soldado ante la justicia. Aquel fue el primero pero no el único agravante del asesinato de la periodista. Como si fuera poco borrar cualquier posibilidad de juzgar su crimen, las Fuerzas de Defensa Israelíes decidieron irrumpir en las exequias y reprimir violentamente a los manifestantes que exigían justicia. Cuando decenas cargaban el féretro fueron violentamente reprimidos en buena medida porque ha hecho carrera el argumento de que ondear las banderas palestinas constituye una provocación. Fue tal la dureza de la intervención que el ataúd estuvo varias veces a punto de caer al suelo, de no ser porque quienes lo cargaron soportaron estoicamente la brutal agresión a pesar de los golpes incesantes de agentes que portaban no solo bastones sino fusiles, cascos y todo tipo de protección. Las escenas de la represión brutal en Jerusalén Oriental en mayo de 2022 testimonian fielmente la degradación con la que se lleva a cabo la ocupación cuyos niveles de agresividad de cara a la población palestina no han dejado de intensificarse en los últimos años.

El asesinato de Shireen Abu Akleh, que en buena parte de los medios de América Latina y Colombia no generó reacciones más allá de escuetos informes de prensa, tiene todos los componentes de las múltiples violencias presentes en Cisjordania, Jerusalén y Gaza. La violencia estructural se observa en las condiciones de vida de los palestinos sometidos diariamente a requisas que van acompañadas de agresiones, intimidaciones constantes, la demolición sistemática de sus hogares, los desplazamientos forzados y el hacinamiento al que los ha obligado Israel en campos como el de Jenin, uno de los más densos del mundo, y, para colmo de males, sometido a constantes operaciones militares y redadas por parte del ocupante. Hay pocos casos en el mundo de una violencia estructural tan evidente, manifiesta, agravada y a la vez ignorada por la comunidad internacional con la notable y admirable excepción del sistema de Naciones Unidas, siempre apuntado y criticado, pero sin duda, el más activo en la denuncia de la catastrófica situación. El asesinato de Abu Akleh, a pesar del eco que generó, quedó en la impunidad como el de cientos de miles de palestinos cuyos nombres se han quedado en el anonimato.

Y, este mapa de sucesos anteriores al fatídico 7 de octubre se cierra en el mismo 2023. Habiendo sobrepasado todo límite humanitario y en medio de una radicalización para acelerar la limpieza étnica, el gobierno más a la derecha en toda la historia israelí ejerció durante meses presión sobre los militares para que las acciones contra los palestinos fueran cada vez más violentas. A esto se sumó una novedad propia de este gobierno de extremistas, una campaña de apoyo a los colonos para que ejercieran todo tipo de violencias contra los palestinos que incluían intimidaciones, humillaciones, violencia directa y psicológica todo con la mirada impasible pero cómplice de policía y ejército israelíes. Así se procedió en julio de 2023 a una violenta redada en el Campo de Refugiados de Jenin donde con la excusa de neutralizar a grupos terroristas como las Brigadas al Qassam y al Quds, Tel Aviv procedió a ataques por vía aérea y terrestre. Pocas veces en la historia reciente se ha visto a un Estado bombardear y atacar de semejante manera un campo de refugiados[62]. Aquello como todos los episodios anteriores, ocurría de cara a la comunidad internacional que impasible no hacía nada por pedir un alto al fuego, ni siquiera ejercía una presión, aunque fuera pálida sobre Israel para respetar el DIH. En este episodio empezaron a surgir los discursos críticos por una inocultable doble moral por parte de Occidente que seguía financiando y apoyando a Ucrania por todos los medios frente a la invasión rusa lanzada en febrero de 2022, todo acompañado de las sanciones más drásticas en la historia contra otro Estado con embargo de armas, sanciones individuales, económicas y al sistema financiero (incluida la bomba nuclear financiera[63]). En contraste con el caso ucraniano, el mensaje de apoyo a Israel se ha mantenido intacto.

Tormenta de Al Aqsa: una tragedia inédita

En la madrugada del 7 de octubre, Mohammed Deif, máximo líder de las Bridadas Al Qassam, anunció la operación Tormenta de Al-Aqsa

62. Unos de los pocos antecedentes fue el genocidio de Srebrenica en julio de 1995 en el que en un lapso de poco menos de diez días, paramilitares serbios con apoyo de ese país asesinaron a más de 8000 mil bosnios musulmanes en un campo de refugiados.
63. Esto hace referencia a las sanciones sobre bancos rusos para participar de la red Swift que aísla completamente del sistema de transacciones financieras internacionales.

(en honor a una Mezquita ubicada en Jerusalén Oriental) con la aseveración contundente de que se daba en respuesta a los "crímenes de la ocupación y de todo el desprecio del invasor por las resoluciones internacionales buscando poner fin a esta". El mensaje se transmitió por la cadena de televisión de Hamás (Al Aqsa TV), por lo que la población gazatí se enteró de que ese día de octubre algo cambiaría para siempre. El mensaje recordaba que las condiciones en Gaza la han convertido en un espacio inhabitable y que, en respuesta lanzarían una acción ofensiva de envergadura. Hamás dejaba atrás las incursiones para secuestrar civiles o soldados o el lanzamiento de cientos de misiles sobre el sur de Israel, para emprender una agresión sin antecedentes.

Apresuradamente, y de forma ambigua y engañosa, se entendió como el 11 de septiembre israelí, rótulo que pretendía desde ese mismo día justificar una incursión armada sin antecedentes en Gaza, principal y subsidiariamente en Cisjordania y Jerusalén Oriental. Aunque sea poco probable (por no decir imposible) dar crédito a quienes apuntan a un autoatentado o a un "atentado-bandera", es indudable que la agresión sirvió parcialmente a los intereses de políticos y militares que desde hace varias décadas pretenden acabar definitivamente con la población de la Franja de Gaza.

Ahora bien, la operación Tormenta de Al-Aqsa solo se entiende tomando en cuenta varios elementos que explican cómo el Estado, que muchos veían justificadamente como el menos vulnerable, terminó siendo atacado por aire, mar y tierra, con niveles inesperados de exposición y sensibilidad. Hamás entendió tres cambios importantes en la dinámica de la guerra que Tel Aviv omitió. Primero, el Movimiento empezó un análisis detallado de las formas de respuesta de Israel frente a cada ataque por la vía del lanzamiento de *rockets* artesanales. Israel confió en que el Escudo Domo de Hierro, uno de los más eficientes del mundo, lo mantendría resguardado de cualquier ataque. Desde al menos hace 30 años, los israelíes han identificado en el lanzamiento de misiles desde terceros Estados su principal vulnerabilidad. Basta recordar la Guerra de Irak de comienzos de los 90, cuando Saddam Hussein juró que para castigar a Occidente por la operación militar que buscaba disuadir a Bagdad de la invasión de Kuwait, destruiría a Israel. Y, en efecto, lanzada la operación "Tormenta del desierto", por orden de George Bush (padre) con el aval del Consejo de Seguridad de Naciones Unidas y de buena parte de los países árabes, Hussein cumplió con sus advertencias y lanzó durante varios días decenas de misiles Scud contra Israel y Arabia Saudí, que fueron interceptados por antimisiles estadounidenses *Patriot*. Este ataque produjo pocos daños, pero dejó la sensación de que Tel Aviv estaba en mora de dotarse de un escudo antimisiles para tener mayor autonomía en su defensa respecto de Estados Unidos. Esta tesis cobró mayor fuerza con la guerra de 2006 contra Hezbollah, en la que recibieron miles de cohetes Katyusha que dejaron un saldo trágico de casi 50 muertos e incontables destrozos materiales. Se cree que la milicia libanesa puede tener 100 mil Katyusha con un alcance de unos 30 km y la inteligencia israelí considera que con el paso del tiempo ha venido incorporando tecnología para mejorar su direccionamiento. Luego de esa guerra con Hezbollah, Tel Aviv avanzó en el desarrollo del sistema antimisiles actual que le dio la falsa sensación de invulnerabilidad. Hamás entendió que lanzando una cantidad de misiles superior a la media (ese día atacó con 3200 cuando en el pasado en un lapso similar lanzaba unos 200), podría provocar el cuasi colapso del sistema, tal como ocurrió el 7 de octubre. En la confrontación de 2021, el escudo israelí ya había presentado fallas similares, y Hamás entendió que la inexpugnabilidad que reivindicaba Tsahal no era tal, por el contrario, era posible lanzar un número que hiciera poco probable la interceptación masiva.

Segundo, es muy probable que Hamás hubiese infiltrado la Fuerza de Defensa Israelí. Hasta el momento, el común denominador era acciones de este tipo, pero inversas. Es decir, Tel Aviv con toda su capacidad económica y su poderío podía con relativa facilidad reclutar árabes palestinos para obtener información por la vía de la contrainteligencia a cambio de facilidades, bienestar material o protección. Con las carencias protuberantes de la población palestina cualquier llamado a obtener ventajas es tentador, por eso el reclutamiento con fines de contrainteligencia es otro de los tantos indicios sobre la opresión a la que están sometidos los palestinos. Pero el 7 de octubre quedaba al descubierto que Hamás cuenta contaba con capacidades para recolectar información sensible y esperar movimientos de Tsahal, dónde se bajaría la guardia y atacando a sabiendas de que la capacidad de respuesta no sería la esperada. Todavía muchos analistas en seguridad y defensa no entienden la respuesta tardía de Israel y cómo Hamás dispuso de amplios márgenes de tiempo para no solo llevar a cabo el ataque, sino para retener un número sin antecedentes de militares y civiles, incluidos extranjeros.

Tercero, Israel pecó por exceso de confianza al pensar que bastaría la estrategia de atacar Gaza indiscriminadamente ante cada intento de agresión por parte de Hamás. Las retaliaciones desproporcionadas de 2008, 2014 y 2021 no consiguieron el objetivo que incesantemente los políticos han repetido sin llegar a cumplir: la eliminación del arsenal de *rockets* de Hamás, la destrucción de los túneles que permiten movilidad al grupo armado y su aniquilación. En cada incursión a Gaza se vaticinaba el fin de Hamás, cuando en realidad le estaban dando cada vez más vida y todo enfrentamiento fue una lección de estrategia, táctica y operaciones; y, a pesar del número de bajas considerablemente superior del lado palestino, Hamás fue adaptándose a la lógica de una confrontación, donde Israel gozaba de ventajas, pero exclusivamente en el plano teórico. Tal como había sucedido con la Guerra del Ramadán o Yom Kippur en 1973, cuando la excesiva confianza la jugó una mala pasada, la historia se repetía, pero esta vez con un saldo trágico.

Los ataques de octubre deben ser entendidos como el punto de llegada de un análisis puntilloso de Hamás sobre las sensibilidades del domo de hierro en el que Israel se apoyó para su defensa, la recolección de información de contrainteligencia con la filtración del movimiento islámico en Tsahal y la confianza excesiva de que los castigos colectivos y los bombardeos a Gaza eran suficientemente disuasivos y nocivos para las capacidades militares de su hoy principal rival y enemigo. Todo lo anterior se puede resumir en la forma en que, por décadas, y a pesar de las múltiples advertencias, Tel Aviv subestimó a

Hamás y la comunidad internacional descartó cualquier negociación causando con ello el ostracismo tanto de Fatah y la ANP, esta última raquítica y cada vez menos incidente. Se acorraló al movimiento islámico estimulando con ello una radicalización vertiginosa. La ecuación es simple: desde 2006 no hubo un solo estímulo para la moderación. Desde que se conoció la victoria de Hamás en las urnas, la estrategia consistió en la negación sistemática de que había ganado espacios y se pensó ingenuamente como suelen hacerlo las potencias occidentales, que los problemas, disensos y desacuerdos no se solucionan confrontándolos sino aislándolos.

De otro lado, el ataque también se entiende observando los perfiles de los principales responsables, Mohammed Deif y Yahya Sinwar, ambos constituyen historias de vida que reflejan la tragedia palestina y la forma como el recurso a la violencia adquiere atracción. El primero como se acotó ha sido cabeza de las Brigadas Al Qassam y el segundo, se ha consolidado como el principal líder político en la Franja de Gaza. En los brutales ataques de 2021, Tel Aviv intentó sin éxito su neutralización, y con ellos dar un golpe de opinión sobre las dudas que ya surgían sobre la efectividad de estas incursiones.

El verdadero nombre de Mohammed Deif es Mohammed Diab Ibrahim al-Masr, quien nació en medio de un campo de refugiados al sur de la Franja de Gaza, Khan Younes. Cuando estaba haciendo sus estudios de biología en la Universidad Islámica, hizo los primeros contactos con militantes de la Hermandad Musulmana, partido religioso más poderoso en ese entonces creado en Egipto donde tenía su principal centro de actividades con varias filiales en países de la zona. La Hermandad desempeñó un papel clave en la creación de Hamás, al punto que muchos consideran que se estableció a imagen y semejanza.

"Deif" es un alias que traduce del árabe el invitado, aquel que nunca duerme en la misma casa, en función de los escondites constantes a los que debe apelar para no ser ubicado. Todo el tiempo está disfrazado y, de esta forma ha asistido a los entierros de sus familiares más cercanos entre los que se encuentra un hijo, asesinado por Tsahal[64]. Son pocas las personas dentro de la organización islámica que lo han visto en 'carne y hueso'. Es tan poco referenciado que la única imagen que se tiene data de 1989, cuando fue arrestado por las autoridades israelíes en medio de la primera intifada. Después de 16 meses fue liberado y se encargó junto a Yayha Ayyash conocido como 'el ingeniero' principal fabricante de las bombas con las que Hamás cometió los primeros atentados en la década de los 90, de liderar las recién creadas Brigadas, brazo armado del grupo muy activo a lo largo de las conversaciones de Oslo. En 1996, Ayyash fue asesinado por Tsahal y Deif se convirtió en una de las cabezas del ala militar, desde entonces, es buscado por Israel y se convertiría en el enemigo número 1. Se cree que habría perdido un ojo o un brazo en uno de los atentados. Es tal su leyenda que Ismail Ghaani general iraní que dirige la Fuerza al Quds (misiones clandestinas en el exterior dirigidas y apoyadas por Irán) lo ha nombrado varias veces como 'mártir viviente', lo cual ha contribuido a aumentar su popularidad. En 2012 ante la muerte de Ahmed Yabary asumiría el control y liderazgo totales de las Brigadas Al Qassam y pasaría a ser el dirigente de Hamás más influyente en temas militares.

Deif fue el arquitecto de la operación Tormenta de Al-Aqsa que habría sido planificada durante al menos dos años, para vengar entre muchas acciones, las constantes violencias recientes de Israel en Jerusalén Oriental, bien sea Tsahal o los colonos acompañados de su fuerza pública. Desde que Deif se convirtió en el líder principal de la Brigadas Al Qassam las capacidades de Hamás, sobre todo las ofensivas han mejorado considerablemente, así como el diseño y ejecución de túneles y la dotación de cientos de miles de roquetes artesanales. Tras el ataque de octubre su popularidad en los Territorios Ocupados se ha disparado, pues, aunque tenía la simpatía de miles de palestinos por encarnar la

64. Sallon, H. (16 de octubre de 2023). "Mohammed Deif, le stratège de l'ombre du Hamas".

resistencia, esta vez sienten que, aunque con consecuencias catastróficas, el 7 de octubre significa una victoria militar sobre Israel sin antecedentes y que puede traducir un cambio en la presión internacional para empujar de una vez por todas un Estado palestino con control de fronteras. En las calles de varias ciudades y distritos de Jerusalén Oriental, Cisjordania y Gaza se ha vuelto habitual escuchar la consigna "nosotros somos el pueblo de Mohammed Deif" y en algunos círculos chiitas de Líbano se habla en términos de admiración y de hazaña por sus acciones contra Israel.

En mayo de 2021, cuando se dio la expulsión de familias palestinas de Sheik Yarrah, Deif había hecho su última aparición pública advirtiendo a Israel sobre las consecuencias y lanzando los ataques subsecuentes. Deif ha sido muy insistente en el llamado a la unidad del eje propalestino del que hacen parte actualmente Irán, Líbano (en especial Hezbollah) y Yemen. A diferencia de Kaled Meshaal (que vive en Siria), Ismail Haniya (en Qatar) o Yahya Sinwar, Deif jamás hace apariciones en público, o ruedas de prensa y lleva más de 30 años siendo la cabeza del ala militar bajo la sombra. En eso también ha consistido su trascendencia y la imposibilidad de Tsahal para ubicarlo, una obsesión anterior a octubre del 23, pero propulsada a niveles estratosféricos tras dicho ataque.

Sinwar, por su parte, es conocido tanto en el campo palestino como entre los responsables de la seguridad israelí como un pragmático, pues se ha hecho célebre por buscar una reconciliación entre las dos facciones palestinas, Fatah y Hamás, y ha sido visto como una figura clave en cualquier negociación. Su rol para el 7 de octubre también fue fundamental, pues contribuyó a sembrar la idea en Israel de que poco a poco, Hamás abandonaría las acciones ofensivas para centrarse en la reconstrucción de Gaza luego de la serie de bombardeos desde 2007. Al igual que Deif fue arrestado en 1989 tras la primera intifada y condenado a cadena perpetua. En prisión fue sometido a una cirugía para extirparle con éxito un tumor cerebral que iba a acabar con su vida. Los israelíes tratando de usar el hecho a su favor, intentaron reclutarlo para labores de inteligencia por su influencia en la organización. Shinwar se transformó en uno de los principales líderes de los palestinos arrestados y se ganó el respeto de la dirigencia de Hamás, así como el aprecio de los palestinos en buena medida por su carisma. Cuando se supo que Tel Aviv había intentado reclutarlo y que este sin asomo de duda lo rechazó tajantemente su popularidad se disparó aún más. Shinwar sabía que de no ocurrir nada extraordinario pasaría el resto de sus días en una cárcel. Su respuesta cuando un agente de la Mosad o Shin Beith le recordó que de rechazar la propuesta no saldría jamás en libertad, el hoy dirigente de Hamás respondió "solo Dios sabe cuándo saldré". En 2011, gracias al intercambio de prisioneros por la liberación de Gilad Shalit, recobró su libertad. El hecho puso de manifiesto la relevancia que tiene para el grupo islámico lograr los intercambios de prisioneros, pues no solo le otorgan legitimidad a los ojos de los palestinos como un actor armado capaz de contrarrestar a Israel —de paso también se ha ganado un espacio como rival militar y obtener un reconocimiento estratégico, mas no político de su rival—, sino que ha conseguido la liberación de miles de presos políticos palestinos, una reivindicación histórica que hasta hace unos años parecía de imposible concreción.

El 7 de octubre fue el día esperado pacientemente por Hamás desde los enfrentamientos de 2021, cuando empezó a diseñar un plan que tuviera un efecto mediático e hiciera pensar en un Israel humillado militarmente y sin capacidad de respuesta. A pesar de altísimo número de muertos y asesinados es muy posible que la principal prioridad fuese la retención de civiles y soldados, a sabiendas de que habría con posterioridad una reacción de la sociedad israelí exigiendo su liberación mediante un proceso de diálogo. Tal ha sido en el último tiempo el principal objetivo del movimiento, lograr un espacio de negociación a partir de la acumulación de poder político y militar. Por eso no hay nada más descabellado que equipararlo con el Estado Islámico, todo con el fin de justificar los ataques en Gaza confiando en que al asociar a Hamás con grupos tan temidos y radicales se pueda justificar la operación militar de Tsahal, tan repudiada por los evidentes excesos. Shinwar lo ha dicho en varias ocasiones, la apuesta de Hamás es convertir a Gaza en una especie de Dubái o Singapur[65], no le interesa como en el caso de Daesch o de los grupos afiliados a Al-Qaeda restablecer un califato y perseguir a chiitas, cristianos o ateos hasta convertirlos a la fuerza, ni tampoco es acertado pensar en que pretenda establecer un modelo como el iraní para los territorios ocupados. Sus acciones son indiscriminadas por supuesto, y afectan civiles, pero eso no quiere decir que no tenga una convicción pragmática para incorporarse a un orden político post negociación.

A diferencia de los movimientos terroristas radicales que han golpeado a Europa occidental, Estados Unidos o Rusia en el último tiempo, Hamás no tiene un discurso en contra del sistema, por el contrario, pretende incorporarse y ser reconocido como un agente de poder en Palestina. Por eso el caso más asimilable es el de Hezbollah, milicia que al igual que su par palestina sabe que no podrá vencer militarmente a Israel, pues la superioridad es indiscutible y se mantendrá. Sin embargo, en un gesto de realismo en la misma lógica del secretario general del movimiento libanés, Hassan Nasrallah, Sinwar parte de la siguiente presunción que resume en buena medida el pragmatismo de Hamás en estos años "Israel es desproporcionadamente más fuerte que Hamás, aun así, nunca ganará la guerra". Desde entonces, su objetivo no ha sido otro que alargarla hasta que los costos de la misma sean imposibles de asumir no solo para Israel, sino para Occidente. Por eso, no es del todo desatinado pensar que en el fondo Hamás deseaba una incursión por tierra de las tropas israelíes después del 7 de octubre y seguir procurándole bajas con efectos en la moral de su enemigo. El cálculo de Hamás terminó siendo preciso y acertado, pasado el efecto de la estupefacción por los atentados con una reacción inicial de todo Israel pidiendo venganza, empezaron las manifestaciones para exigir la liberación de los secuestrados y los reclamos al gobierno Netanyahu no solo por la desnudada vulnerabilidad en la frontera sur, sino por el retraso en la respuesta. Difí-

65. Lerner, D. (4 de octubre 2018). "Israel is Incomparably Stronger than Hamas -but It Will Never Win: Interview with Hamas leader in Gaza". *Haaretz*.

cilmente podrá salir bien librado de la guerra y pasará a la historia como un político que prometió siempre vencer el terrorismo palestino, pero terminó sobrepasado.

¿Una guerra regional?

Una de las principales preocupaciones de la comunidad internacional ha sido una expansión del conflicto a otros Estados de la zona e incluso se llegó a especular acerca de la posibilidad de una guerra regional. La reacción de las autoridades iraníes hizo pensar en su involucramiento, lo cual es muy poco probable al igual que en el caso de Hezbollah y Yemen, muy activos en la justificación de los atentados de Hamás y virulentos respecto a Tel Aviv, pero sin un interés real en integrarse a una confrontación en contra de Israel. Se trata más bien de una muestra retórica de simpatía por la causa palestina, pero participando de la guerra tienen más que perder.

El caso de Irán merece un análisis aparte, pues es tal vez el Estado no árabe más beligerante en el último tiempo con Israel, a pesar de que jamás ha estado en confrontación directa. La Revolución Islámica significó el establecimiento de un régimen confesional que implantó la Sharia, es decir la religión se convirtió en la principal fuente del derecho y acabó con la entonces Revolución Blanca iniciada por Mohammad Reza Pahleví con apoyo de Occidente y que apuntaba a la secularidad (separación entre el Estado y los asuntos religiosos). Desde ese momento, Irán se solidarizó con la liberación de Palestina. En 1980 Yasser Arafat se entrevistó con el líder de esa revolución chií, el Ayatola Ruhollah Jomeini. En las calles de Teherán y de las principales ciudades iraníes en medio de la emoción por la caída del régimen prooccidental y la llegada de un orden religioso se solía gritar "Hoy Irán, mañana Palestina"[66]. Si bien

66. Hubert-Rodier, J. (23 de mayo de 2021). "L'Iran et l'utilisation de la 'cause palestinienne'". *Les Echos.*

Arafat tenía en mente una emancipación con miras a un Estado laico, se buscó afianzar los lazos con el mundo musulmán, especialmente la comunidad chií muy presente en Líbano, Irak, Baréin y Siria. Uno de los resultados regionales de la Revolución Islámica fue la creación de grupos chiitas apoyados desde Teherán como fue el caso de Hezbollah el satélite más importante de Irán en la zona de Medio Oriente y que le ha permitido tener incidencia en la confrontación contra Israel.

La retórica contra Israel estuvo varios años dormida en especial cuando se produjo la elección y reelección del moderado Mohammad Jatamí (1997-2005) en cuyos mandatos se lograron importantes avances para un acercamiento estratégico con Occidente, pero cuando intentó un tercer mandato las autoridades lo impidieron. Así se allanó el camino para la llegada inesperada del populista conservador y defensor del programa nuclear Mahmmoud Ahmadinejad. Se pensaba que la mayor chance la tenía el conservador, pero pragmático Hashemi Rafsanjani, quien había anunciado algunos contactos exploratorios con Estados Unidos, pero terminó derrotado. La victoria de Ahmadinejad cambió drásticamente el panorama de las relaciones exteriores, y marcó el retorno de un discurso nacionalista y radical, incluso con algunas controversias públicas con las autoridades religiosas. Uno de los temas más polémicos de Ahmadinejad fue precisamente Israel, sobre quien solía hacer alusiones relativas a su colapso próximo y al apoyo a la causa palestina.

En un discurso que tuvo eco mundial se le acusó de amenazar con borrar a Israel de mapa, algo que encendió las alarmas por esa época sobre un conflicto regional, más aún con las guerras de Afganistán e Irak en curso. De acuerdo con una traducción presentada por el Departamento de Estado, Ahmadinejad habría dicho que estaría en esa disposición, pero una pieza del periodista Ethan Bronner del New York Times[67]

67. Bronner, E. (11 de junio de 2006). "Just How Far Did They Go, Those Words Against Israel?". *The New York Times.*

puso en tela de juicio esta versión, alegando problemas de traducción o un evidente sesgo pues a juicio de traductores independientes la frase pronunciada apuntaba a que Israel colapsaría y Jerusalén sería liberada, esto último una reivindicación constante de Teherán. Valga recordar la existencia de la mezquita de Al-Aqsa en la parte oriental de la ciudad, tercer lugar más importante para los musulmanes después de La Meca y Medina, ambas en Arabia Saudí.

Esta tensión constante Teherán Tel Aviv tenía un significado particular pues las capacidades de despliegue militar de Estados Unidos estaban seriamente diezmadas y su legitimidad había sido puesta en entredicho por la terquedad con la que terminó invadiendo Irak pasando por encima del Consejo de Seguridad, incluidos los informes de expertos de la Comisión encargada del tema iraquí (Hans Blix), y todas las advertencias sobre las consecuencias nefastas sobre el conjunto de la zona. Al tiempo que la legitimidad de Washington y algunos de sus aliados europeos, en especial del Reino Unido, se iba erosionando, el presidente de Irán hacía énfasis en la necesidad de avanzar hacia un mundo más equilibrado con críticas implacables contra Israel. En una carta dirigida a George W. Bush en plena crisis nuclear y cuando se especulaba sobre una intervención militar en Irán para disuadir de la dotación o desarrollo de ojivas nucleares, Ahmadinejad envió una carta pública a su homólogo estadounidense, reveladora sobre las aspiraciones de Irán conectadas con las del sur global, reclamando por la injerencia estadounidense, mencionando su papel en las dictaduras militares en América Latina, y como era de esperarse dedicó parte de su reflexión a negar la Shoa u holocausto. El gobernante iraní insistió en la forma en que la creación del Estado de Israel ha tenido un impacto negativo en el Medio Oriente. Más allá del antisemitismo expreso y evidente de Ahmadinejad, la carta puso de manifiesto el interés de agitar la bandera de la causa palestina como uno de los escasos caminos de los que dispone Teherán para ejercer liderazgo regional. El triunfo del Ayatola tuvo como efecto para Irán un aislamiento en dos dimensiones, de un lado, el rechazo de Occidente que veía con temor el ascenso de un gobierno radical además con ánimos de expansión en sus vecinos sobre todo Irak (de mayoría chií[68]) y sobre el que históricamente las autoridades religiosas iraníes han ejercido notable influencia; y de otro, sus vecinos en la zona lo han visto con desconfianza por no ser árabe y haber intentado desde finales de los 70, el ejercicio de un liderazgo chií que altere el orden en varios Estados de mayoría de esa confesión, pero gobernados por sunnitas como Irak o Baréin.

Irán fue el segundo país de mayoría musulmana en reconocer a Israel en 1950 (después de Turquía que lo hizo en 1949), y en los años del Sha las relaciones fueron fluidas, hasta la Revolución[69]. Para Tel Aviv fue clave el acercamiento al mundo musulmán tras la conflictividad con los vecinos árabes, por lo que David Ben Gurión, primer ministro y fundador del Estado, emprendió la doctrina de "buenas relaciones con los vecinos de los vecinos", es decir, Irán, Etiopía y Turquía; lo cual valga decir se logró con los dos últimos. Sin embargo, el ascenso del Ayatola coincidió con la paz de los árabes con Israel[70] y con ello, la causa palestina quedaría a la deriva. El vacío de liderazgo de los árabes en la causa palestina sería suplido por algunos musulmanes, quienes insistirán en mantenerla vigente y, entre ellos, Irán.

Por más de que las autoridades iraníes hayan vitoreado los atentados de octubre y se amenace con una guerra en caso de que se sigan violando los derechos de los palestinos, no existe consenso para llevar a cabo una guerra con Israel. La situación actual es ideal para Teherán, pues lo puede enfrentar de manera indirecta a través de terceros sin sufrir bajas ni poner en riesgo su territorio. Pero una guerra con su vecino podría poner en riesgo las bases de la Revolución y conllevar a una inestabilidad que

68. El 60 % de la población iraquí profesa el islam chií (se concentra sobre todo en el sur), el 30 % es sunnita (centro) y un 10 % es kurdo (norte).
69. Scaini, M. (2011). "L'évolution des rapports entre Israël et l'Iran, declin de l'hégémonie occidentale au Moyen Orient". *Outre-Terre.* 2(28): 483.
70. En 1978, Egipto e Israel establecen relaciones diplomáticas bajo el marco de los Acuerdos de Camp David I. Ver primero capítulos.

dé pie para un cambio de régimen, pues a muchos Estados de la zona les convendría. Valga recordar que, en el pasado reciente, Irán ha enfrentado dos grandes levantamientos, la llamada Primavera de Teherán en 2009 cuando se presumió de un fraude por la reelección de Ahmadinejad y las manifestaciones por el brutal asesinato de la joven kurda Mahsa Amini desde septiembre de 2022 que se extendieron por todo el país y durante varios meses. En una guerra con Israel, Irán tiene mucho que perder y nada para ganar. Esto sin contar la diferencia para nada desestimable en la correlación de fuerzas, pues se calcula el arsenal nuclear israelí en 150 ojivas nucleares, además de contar con experiencia en la guerra de posiciones entre Estados, en contraste con un Irán que solo cuenta con el traumático episodio en los 80 con Irak y que dejó consecuencias dramáticas. Cualquier asomo de guerra con Israel traería a la memoria de las víctimas el saldo desastroso del enfrentamiento con el vecino.

Una lógica similar es aplicable a Hezbollah, un actor que se esfuerza porque el último antecedente de confrontación con Israel sea la Guerra de 2006 que le permitió salir hasta cierto punto airosa y dejar en mala posición a las autoridades israelíes. El Líbano viene además de una de las peores crisis financieras y económicas, con una devaluación histórica que ha significado el empobrecimiento acelerado y con las acusaciones en su contra por las explosiones en Beirut en agosto de 2020 de depósitos con nitrato de amonio. Líbano fue uno de los países más afectados por la pandemia y fue tal la incapacidad de sus autoridades para manejar la crisis sanitaria y económica que sucedieron varias manifestaciones en contra de toda la clase política. Con este antecedente resulta imposible y un contrasentido involucrar al Líbano en una guerra cuando todavía el país no se repone de las secuelas ni de la guerra civil, ni del enfrentamiento de 2006. En el estado actual podría significar impopularidad para Hezbollah que hasta ahora ha salido relativamente ileso de las manifestaciones recientes de inconformidad. Al igual que Teherán, al Partido de Dios le conviene mantener en la agenda regional el tema palestino y reivindicarlo, para ganar adeptos cohesionando el mundo musulmán tan dividido en los últimos años, en especial desde el ascenso del Estado Islámico que terminó en enfrentamientos sunnitas y chiitas en varios como Irak, Siria y Yemen.

Para las potencias occidentales no habría nada más nocivo que la extensión de este conflicto a terceros o su involucramiento, en especial desde las incursiones militares en Afganistán, Irak y Libia, donde ha quedado plenamente demostrado que los cambios abruptos de régimen o la apertura de frentes de batalla alteran los equilibrios geopolíticos que favorecen la radicalización de grupos terroristas y allanan el camino para su expansión. Basta revisar cómo Irak se sumió en una guerra civil entre chiitas, sunnitas y kurdos tras la caída de Hussein y como desde allí se gestó primero el grupo Al Qaeda en Mesopotamia, rápidamente neutralizado por Estados Unidos, pero su reemplazo el Estado Islámico puso a tambalear la seguridad de la zona durante varios años. Asimismo, el derrocamiento de Muamar Gadafi dejó un vacío aprovechado por extremistas religiosos —contenidos en el pasado por el coronel libio que advirtió que su caída les beneficiaría— que hoy atemorizan grandes extensiones en el Sahel, la zona del mundo más vulnerable al terrorismo. A diferencia del Medio Oriente donde los Estados son más fuertes, en esta franja Níger, Nigeria, Chad, Malí o Burkina Faso tienen estructuras militares mucho más débiles y los niveles de cohesión escasos. Para colmo de males, es una región de la que se habla relativamente poco. Con este escenario es muy poco probable que se produzca una guerra regional. Parecería más bien que la tendencia es hacia el recrudecimiento de la violencia en los territorios ocupados hasta que se concrete "la solución de dos Estados", fórmula engañosa, pues debería hablarse del Estado palestino, pues el israelí está de lejos consolidado. El término hace pensar en dos entidades en construcción, pero en realidad, el Estado más poderoso de la zona contrasta con un proyecto estatal con respiración artificial hace más de 75 años.

Recomendación de lecturas:

Textos jurídicos:

Asamblea General de Naciones Unidas (1993). *Declaración de Principios sobre las Disposiciones relacionadas con un Gobierno Autónomo Provisional.* Nueva York: Naciones Unidas.

Asamblea General de Naciones Unidas (1995). *Acuerdo interino israelí-palestino sobre Cisjordania y la Franja de Gaza.* Nueva York: Naciones Unidas.

Ensayos:

Shlomo B. A. (2023). *Profetas sin honor. La lucha por la paz en Palestina y el fin de la solución de dos estados.* Madrid: RBA.

Novelas:

Abulhawa, S. (2015). *El azul entre el cielo y el agua.* Madrid: Planeta.

Abulhawa, S. (2023). *Contra un mundo sin amor.* Ciudad de México: Espasa.

Abdollah, K. (2005). *La casa de la mezquita.* Madrid: Salamandra.

Películas:

El paraíso ahora (2005) director: Hany Abu-Assad.

Inch'Allah (2012) directora: Anaïs Barbeau-Lavalette.

My Neighborhood (2013) directoras: Rebekah Wingert-Jabi y Julia Bacha.

4. Guerra de información

La guerra de Vietnam fue la primera en ser televisada y la Operación Tormenta del Desierto en Irak inauguró su seguimiento en vivo, de manera análoga. La confrontación en Ucrania y Gaza pasarán a la historia, no solo por su difusión en directo, sino inmediata en redes sociales. Nunca antes un presidente o primer ministro había subido a una red social, como en este caso a X (antes Twitter) la destrucción en simultánea de zonas enteras como lo hizo Benjamín Netanyahu con los primeros bombardeos en Gaza. Las imágenes que empezaron a circular con los cadáveres de palestinos, en especial de niños y la destrucción generalizada ocasionaron de inmediato una reacción que se canalizó en movilizaciones en varias ciudades del mundo en donde se exigió un alto al fuego.

La guerra en Ucrania ya había puesto de manifiesto la disputa por el control de la información y el control de la narrativa. El discurso de Vladímir Putin consistía en que estaba respondiendo a una agresión de Occidente que, a su entender, había apoyado la comisión de un genocidio contra la población rusófona al oriente ucraniano y desconocía los pactos de la Postguerra Fría sellados entre la entonces URSS con los países de la Organización del Tratado del Atlántico Norte (OTAN) para congelar cualquier expansión de la alianza militar hacia el este de Europa. Occidente, por su parte, señalaba a Putin de violar la soberanía ucraniana y de usar lo anterior como excusa para recuperar parte de los territorios que se emanciparon en el colapso soviético. Para Europa y Estados Unidos resultaba indispensable impedir a toda costa que un Estado del sistema internacional en pleno corazón europeo pudiese violar la soberanía de otro y proceder a una invasión sin ninguna consecuencia. Era a todas luces, demasiado costoso para el orden internacional.

En este choque de versiones Europa cerró inmediatamente filas en torno a la idea de que no conceder ningún espacio a lo que entendía como propaganda rusa, por ende y a pesar de la polémica, decidió censurar cadenas públicas como *Russia Today* y *Sputnik*, a lo que Moscú respondió haciendo lo propio con varios medios occidentales. La premura y celeridad con la que Estados Unidos y la OTAN actuaron para contener y contrarrestar a Rusia hizo aún más contradictoria su reacción frente a los sucesos en Medio Oriente a partir de octubre de 2023. La mayoría de esos Estados, o al menos los más poderosos, optó por seguir la retórica israelí difícilmente justificable de que se trataba de la legítima defensa israelí, por eso bloquearon en el Consejo de Seguridad cualquier borrador de resolución que hiciera un llamado por el alto al fuego. Para estos era fundamental que quedara la sensación de que los atentados del 7 de octubre eran asimilables a los del 11 de septiembre, una equivalencia que les permitiría rápidamente ganar niveles de solidaridad y cohesión respecto de la opinión pública en Occidente, muy sensible frente al tema de los derechos humanos y en otras zonas del mundo árabe inquieta por la radicalización del discurso religioso. Por eso no es anodina la declaración de Macron a la que se aludió en el capítulo anterior, equiparando a Hamás con el Estado Islámico, una línea discursiva en sintonía con lo expresado por las autoridades israelíes; pero que, en nada corresponde con la realidad por las razones ya descritas.

A pesar de todas las contradicciones fragrantes de la narrativa de justificación de las operaciones israelíes en Gaza, algunos medios, bien sea por incapacidad o desconocimiento o por razones editoriales e ideológicas han terminado haciendo eco. A esto se suma una campaña de censura en contra de aquellos que denuncien los excesos en el uso de la fuerza, la limpieza étnica, los crímenes de guerra, el *apartheid* o el genocidio.

Excesos de sesgos y carencias de contextos

Colombia no se ha caracterizado por contar con medios que puedan cubrir a cabalidad la realidad internacional, en especial en coyunturas donde hechos inesperados requieran de un análisis frío y con suficiente contexto para no contribuir a campañas de desinformación cada vez más comunes. A pocas semanas de iniciada la confrontación, *Caracol Noticias* proyectó una imagen con un balance de la guerra en la que se referían a "asesinados israelíes" versus "muertos palestinos" (emisión del 2 de noviembre de 2023), dejando la sensación de que del lado árabe los decesos eran naturales y producto del infortunio y no de una acción política premeditada. Bajo la misma lógica, el 21 de noviembre de 2023 el diario de mayor circulación en Colombia, *El Tiempo*, tituló "Más de 5600 niños habrían muerto en Gaza" en el afán de evitar cualquier adjudicación de responsabilidad a Israel. A esto se suma un cubrimiento informativo en el que se privilegian de manera obvia los testimonios de colombianos en territorio israelí, pero rarísima vez en la Franja de Gaza o Cisjordania. Con esto, la audiencia se queda con la versión de quienes están del lado israelí, recibiendo información parcial y manipulada de ese gobierno. No solo se deja de comunicar con algún sentido de la ecuanimidad, sino lo más grave: se deshumaniza a los palestinos, a quienes se suele mostrar como una simple cifra, pero sin ningún abordaje testimonial y en los casos más desprovistos de profesionalismo, se les revictimiza o responsabiliza.

A tres semanas de iniciada la guerra, el portal de noticias *RCN.com* y más concretamente su director Santiago Ángel, publicó una extensa entrevista con el embajador de Palestina, Raouf Almalki. En el diálogo fue evidente la falta de preparación del comunicador, la insensibilidad abordando temas cuando el entrevistado representa a una nación que se ha quejado constantemente de estar sufriendo un genocidio y en el paroxismo del sensacionalismo, el apetito insaciable para conseguir un titular controvertido y atractivo para la pieza. Los primeros minutos de una desencajada conversación estuvieron destinados a obtener de Almalki una opinión sobre el carácter terrorista de Hamás. Fue evidente la subvaloración de otros temas, la situación humanitaria de los palestinos, sus reivindicaciones frente a Israel, la posición de la Autoridad Nacional Palestina frente a la comunidad internacional, o los orígenes del conflicto a entender de los nacionales palestinos, esto último constituye una información de creciente interés por parte de una audiencia que, por esos días estaba ávida de conocimiento sobre la violencia en Medio Oriente y estaba en disposición de escuchar las dos o tres versiones encontradas y seguramente irreconciliables. Todo quedó en segundo plano, y ante la insistencia para abordar la legitimidad de Hamás, Almalki le recordó a Ángel lo mismo que ya había señalado António Guterres ante el Consejo de Seguridad de Naciones Unidas, los atentados no vienen de la nada, sino que obedecen a un contexto de ocupación, lo cual de ningún modo los justificaba. Lo anterior debe rememorarse para poder tener una lectura con perspectiva histórica de los sucesos y evitar simplismos. De igual forma, Almalki recordó la circulación de noticias e informaciones falsas, al menos tres se pueden traer a colación pues buscaron deshumanizar aún más a los palestinos y servir de justificación a la ofensiva israelí, la decapitación de niños recién nacidos por parte del grupo islámico, la circulación de imágenes de niños en jaulas que en realidad fueron tomadas en territorio sirio y el ataque el Hospital al Shifa, símbolo de la violación de todo margen humanitario. En este último episodio, Israel apuntó a Hamás y a la Yihad Islámica, negando toda responsabilidad. Al final investigaciones independientes terminaron por concluir que el ataque fue lanzado por Tel Aviv. Por tanto, el embajador le advirtió al periodista Ángel sobre los montajes y las noticias fabricadas, por lo que este no tuvo ningún reparo en concluir para luego trinar en la red X en función de publicitar le entrevista que el embajador palestino consideraba "que el ataque terrorista de Hamás a civiles inocentes en Israel [era] un montaje de los medios"[1]. Al final dejaron con el trino la sensación de que el embajador y la Autoridad Nacional Palestina, que en incontables ocasiones se distanciaron de Hamás, habían relativizado la gravedad de la violencia o de alguna forma simpatizaban con el terrorismo.

1. https://twitter.com/santiagoangelp/status/1717711946722545709.

Esa misma semana Melquisedec Torres de *Caracol Radio*, siguió con las sindicaciones hacia Almalki, insinuando que era representante no solo de la ANP, sino de Hamás. El 31 de octubre trinó en la red social X irónicamente "Olvidé el dato presidente ¿Cuándo llamó a consultas al embajador de Palestina por la masacre de Hamás?". El día anterior, Gustavo Petro había llamado a consultas a la embajadora de Colombia ante Israel, Margarita Manjarrez, por las violaciones al DIH, pues estaba clara la responsabilidad y la unidad de mando que permite concluir que Israel tomó una decisión deplorable para el derecho. Equiparar aquello con la responsabilidad de la ANP en los ataques de Hamás era pasar por alto la fractura que divide al mundo palestino desde 2007 y una manera de responsabilizar a palestinos haciéndolos merecedores de las acciones desproporcionadas de Tsahal. No solo quedó al descubierto una falta de la lógica propia de la retórica que los medios deben manejar y sobre la cual deben dar ejemplo (se apela a la falacia de falsa equivalencia[2]), sino una gravísima lesión a la ética. Todo vale cuando se trata de ampliar la audiencia o justificar lo que humanamente debe ser condenado sin atenuantes.

Algo similar se puede decir de Luis Carlos Vélez, director de *La FM*, quien de manera sistemática optó por omitir cualquier información que incriminara a Israel en la comisión de excesos o presuntos crímenes de guerra. De forma inexplicable, y cuando la mayoría de los medios como *BBC*, *Le Monde*, *El País*, *The New York Times* o *RFI*, anunciaban que un misil había golpeado el hospital de Al-Shifa en Gaza matizando que tanto Hamás como Israel se acusaban mutuamente, Vélez optó por men-

2. Se trata de una falacia de consistencia en la argumentación cuando se pretende equiparar dos situaciones o hechos que no guardan relación lógica. En este caso no hay equivalencia entre un Estado, Israel, con control sobre la cadena de mando y cuya representación en el exterior es coordinada versus la ANP y Hamás fracturados y cuya supervivencia no ha dejado de estar en riesgo.

cionar únicamente la versión que circuló desde Tel Aviv[3]. Cuando posteriormente se concluyó que el misil había sido disparado desde Israel[4], el periodista, muy activo en el tema, decidió no publicar ningún comentario o información al respecto. Dicho de otro modo, solo se comenta, analiza y se informa una noticia siempre y cuando confirme ciertos prejuicios acerca de las responsabilidades en la guerra.

Ese mismo periodista amplificó una "denuncia" (con esa etiqueta fue publicada en la Revista Semana) en la que se sugería que el sistema de medios públicos colombiano, *RTVC*, estaba adoctrinando por la emisión de ciertos contenidos sobre la guerra. En el artículo se afirmó, en tono de advertencia, que "las franjas informativas de RTVC Noticias son usadas para presentar información del conflicto en Medio Oriente bajo el sesgo del régimen venezolano y contando que Israel ataca inocentes en Gaza"[5]. Resulta incomprensible que un comunicador encuentre insólito que un medio llame las cosas por su nombre e indique que el ejército israelí ha atacado civiles, no solo en la Franja de Gaza, sino en el conjunto de los territorios ocupados, entiéndase bien ilegalmente ataca a civiles indefensos. Si informar sobre esos excesos es proyectar el sesgo del "régimen de Maduro", la totalidad de medios serios y respetables ha incurrido en la práctica que Vélez pretendió denunciar. La señal es clara, todo aquel que difunda noticias, información o datos que modifiquen la línea argumentativa que justifica a la agresión a Gaza adoctrina, promueve el terrorismo o, en determinados casos, es etiquetado de antisemita.

Incluso medios de tanto prestigio como la *BBC*, han enfrentado acusaciones por desinformar. A finales de noviembre cuando se dio el primer intercambio de secuestrados entre Hamás a Israel, la cadena

3. https://x.com/lcvelez/status/1714650540867535355?s=20.
4. Eydoux, T.; Mas, L; Vande Casteele, A; Pigent, J. (17 de noviembre de 2023). "Enquête vidéo: la chute d'un obus israélien sur l'hôpital Al-Shifa". *Le Monde.*
5. Semana (18 de noviembre de 2023). "Peligroso: esta es la nueva estrategia de Hollman Morris en RTVC; emiten programas del canal ruso RT y Telesur. ¿Adoctrinamiento? *Revista Semana.*

británica publicó una traducción imprecisa y equivocada de liberados palestinos. En primera instancia señalaron que una de las mujeres puesta en libertad había afirmado "nadie nos ha ayudado, solo a Hamás les importamos. Gracias a aquellos que sufrieron por nosotros". Sin embargo, una cuenta en X de traductores profesionales de varias naciones, y que suele monitorear estas informaciones, recordó que en realidad la mujer había aseverado "Israel nos tenía en prisión por un mes. Cuando llegó el invierno, nos cortaron le electricidad. Casi morimos por el frío".[6]

La BBC terminó actualizando la información y corrigió la traducción[7], una significativa diferencia con la postura de los medios colombianos que, ante el error, no suelen corregir, sino que como en los casos citados, u omiten las críticas o se reafirman, aunque sin ningún sustento lógico o empírico. Léase la lección, la diferencia entre medios serios y rigurosos no está en la ausencia de errores, sino en la reacción. La predisposición de algunos medios en Colombia para no rectificar o corregir, pues lo entienden como señal de debilidad, da cuenta de una falta de profesionalismo sobre temas internacionales, que impide a la audiencia hacerse una idea sobre una realidad que siempre debe tener varias versiones. Con esto, el prejuicio de que los palestinos son violentos, y corresponden a una nación que debe ser civilizada por la fuerza, suele reafirmarse por la manera en que se cubre la guerra en Gaza.

La opinión pública, el nuevo dios

En la década de los 90, apareció el término del "efecto CNN" para describir la forma como los medios de comunicación empezaron a tener una incidencia notable en la toma de decisiones de los Estados. Durante esos primeros años de globalización la prensa fue clave para legitimar

6. Middle East Monitor (27 de noviembre de 2023). "BBC comes under fire for mistranslating ex-Palestinian prisoner as praising Hamas". *Middle East Monitor.*
7. Gilmour, D. (27 de noviembre de 2023). "BBC Updates Palestinian Prisoner Interview After Translation Error Controversy". *Mediate.*

las intervenciones militares de Estados Unidos en Irak en la Operación Tormenta del Desierto y convertir a Saddam Hussein durante esos primeros años en enemigo número uno del mundo libre. Así se empezó a forjar la idea de que, sin la presencia de un contrapeso a Washington, tras el colapso soviético, la única super potencia militar debía estar en disposición de mantener el orden mundial. Bagdad había tomado la decisión de invadir a Kuwait tras meses de disputa por la falta de alineamiento del segundo con la política de cuotas de la Organización de Países Productores de Petróleo (OPEP), en aras de incrementar el precio de los hidrocarburos. Hussein decidió pasar a la acción aludiendo a la idea de que ese territorio era parte de la soberanía iraquí, pero que habría sido creado a comienzos de los 20 por las potencias coloniales —ingleses, sobre todo— para dividir a los países árabes exportadores de petróleo. La operación militar dejó en claro la superioridad militar de Estados Unidos y se convirtió en la primera guerra que el mundo pudo seguir en directo por televisión. Los medios también jugaron a favor de las intervenciones en Somalia, saldada por un completo fracaso y reveladora de lo que serían este tipo de iniciativas en el futuro, y en los Balcanes Occidentales, donde la retórica de un enemigo de Occidente volvió a aparecer esta vez para señalar a Slobodan Milosevic, presidente de una moribunda Yugoslavia.

En esta misma década ocurrieron los fatídicos sucesos de Ruanda, en los que unos 800 mil tutsis y moderados hutus, fueron asesinados en el marco de un genocidio en el que el papel de la comunicación fue trascendente. La cadena de Radio y Televisión Mil Colinas, así como la Revista Kangura se convirtieron en casos paradigmáticos de la difusión de propaganda para legitimar la violencia contra la población tutsi con una apología al odio que se institucionalizó y normalizó gracias a la emisión de mensajes basados en estereotipos, repetidos con inusitada frecuencia y destinados a que la gente pasara rápidamente a la acción. La idea de ambos medios consistía en la promoción de denominado "Poder hutu", y durante años se había acumulado rencor contra la población tutsi a la que se consideraba culpable de todos los males del país y aliada de las potencias europeas. Los belgas habían sembrado la idea de que los tutsis eran superiores y los hutus tenían más predisposición para obedecer. Esta división estereotipada terminó generando violencia en toda la zona del África de los Grandes Lagos. Por eso, cuando en abril de 1994 fue derribado el avión del presidente ruandés, Juvénal Habyarimana (hutu), de forma inmediata los medios señalaron como responsables a los tutsis. El magnicidio fue la excusa perfecta para salir y perseguirlos. En las emisiones de Mil Colinas, se propagaban mensajes pidiéndole a la gente de forma expresa matar a sus compatriotas "Vayan a incendien las casas de los tutsis, y se arrepentirán de haber nacido... hagan bien su trabajo", "Las fosas todavía están vacías, van por la mitad, debemos llenarlas"[8].

Al tiempo, la Revista Kangura se encargaba de promover la doctrina del odio a través de los "diez mandamientos hutus" que repetían hasta lograr la deshumanización tutsi. Sobresalía entre algunos puntos, la "prohibición" a los hombres de casarse con mujeres de la otra etnia, *so pena* de ser considerados como traidores; el prejuicio de que los tutsis eran deshonestos, por tanto, estaba proscrito cualquier negocio o transacción; y el octavo mandamiento que llamaba a no sentir ninguna compasión hacia estos. Parece inverosímil, pero en los años previos al genocidio, en varias portadas de Kangura, aparecían titulares sobre cómo usar la violencia e incluso en una edición que le daría la vuelta al mundo tras la comisión de genocidio, se proyectaba la imagen de un machete junto a la pregunta "¿Qué armas usaremos para vencer a las cucarachas para siempre?"[9].

Imposible entender la tragedia del genocidio ruandés sin el rol de los medios. En ambos casos sucedieron condenas por parte del tribunal penal creado para administrar justicia por los horrendos crímenes cometidos entre abril y junio de 1994. Si bien existe un consenso respecto

8. Lepidi, P. (8 de abril de 2019). "Au Rwanda, les funestes échos de Radio-Mille Collines". *Le Monde*.
9. Zin, H. (1 de abril de 2014). "Veinte años del genocidio de Ruanda: Kangura la revista del odio". *20 Minutos*.

al papel nefasto de este tipo de medios en la propagación del odio, no existe todavía consenso sobre cómo evitar la manipulación de la llamada "opinión pública" de cara a la guerra, la violencia o la comisión sistemática de violaciones a los derechos humanos.

Como asevera el sociólogo francés Pierre Bourdieu, la opinión pública no existe, es una abstracción basada en la recolección de cifras y sondeos para dar a entender que una masa que ya no es ignorante, sino "ilustrada", respalda una decisión, por ende, por más impropia, inviable, contradictoria o inhumana se termina legitimando. Dice Bourdieu en un muy referenciado texto *La fábrica de los debates públicos* (cuyo nombre es tan provocador como indicativo del carácter artificial de lo que poco a poco se va moldeando arbitrariamente como opinión pública): "'los sondeos están con nosotros' es el equivalente a 'Dios está con nosotros', pero en otro contexto"[10].

En esa misma década, marcada por estas guerras, aparecerá con fuerza la idea de una opinión pública como un actor trascendental en la toma de decisiones pues de esta dependerá en buena medida que en determinadas circunstancias se actúe como en Yugoslavia en 1999, Afganistán 2001, Irak 2003, Libia 2011 y Siria 2017, entre otros y en escenarios dramáticos como en el actual en Gaza, el común denominador sea una moderación que en realidad esconde complicidad con Israel y desprecio por los pueblos, comunidades y proyectos de Estado-nación que componen el sur global. Se trata de apoyarse en la denominada opinión pública para imponer una "historia única", tal como la cataloga Chimamanda Ngozi Adichie. La escritora nigeriana-estadounidense autora de la novela *Medio sol amarillo* testimonio extenso de la tragedia de Biafra a finales de los años 60, ha insistido en el grave riesgo que se corre por propagar discursos, líneas argumentativas, historias y ahora informaciones sesgadas que mantienen una sola versión de un hecho y que son trascendentales para la humani-

10. Bourdieu, P. (2012). *La fabrique des débats publics.* París: Le Monde Diplomatique: 16.

dad. La escritora, que hizo popular esta advertencia, ha sido enfática en recordar que "Las historias se han utilizado para desposeer y calumniar, pero también pueden usarse para empoderar y humanizar. Pueden quebrar la dignidad de un pueblo, pero también pueden restaurarla"[11].

La forma en que se relata tiene una directa incidencia en que haya más simpatía hacia ciertas sociedades que otras, por eso no es anodino que los medios hablen de muertos de un lado como si no hubiesen sido asesinados, y masacrados de otro, enfatizando en el dolor que produce su muerte violenta. La historia única ha sido el principal esquema y mecánica argumentativa para dividir el mundo en buenos y malos y convencer de la necesidad de mantener el poder omnímodo de Occidente para intervenir a su antojo en el mundo o moldear un (des)orden con la excusa anacrónica de la civilización.

Llamar las cosas por su nombre: genocidio, limpieza étnica y *apartheid*

Es indispensable más que nunca, un relato de los hechos desde el sur global que ponga en tela de juicio los sistemas de valores con los que viene actuando Estados Unidos a lo largo de la Posguerra Fría y la Globalización. Como si no hubiese sido suficiente la manipulación mediática para justificar las intervenciones en Medio Oriente, y Asia Central, ese mismo Occidente responsable del proyecto colonizador, que como dijo Macron constituye un crimen contra la humanidad, exige simpatía a los pueblos del sur para justificar la tesis forzada de que Israel está ejerciendo la legítima defensa.

No hay forma alguna de enmarcar las acciones de Israel bajo la legítima defensa, no solo con posterioridad al 7 de octubre sino, en particular desde 2007, cuando impuso el bloqueo a Gaza y emprendió la política

11. Ngozi Adichie, C. (2018). *El peligro de la historia única.* Madrid: Random House Mondadori.

de castigos colectivos, una práctica proscrita por el derecho internacional humanitario y que consiste en punir al conjunto de una comunidad para responder a una agresión. Tel Aviv ha optado por alegar que, en la medida en que Hamás se mimetiza en la población, tiene derecho a atacar y por cada masacre de palestinos se ha acostumbrado a la cínica constatación de "efectos colaterales", eufemismo para no reconocer que se aplica un castigo sobre el conjunto de los gazatíes, cisjordanos, y jerosolimitanos (parte Oriental). A raíz de la violencia desproporcionada, la organización Médicos sin Fronteras, independiente e imparcial, lanzó una categórica advertencia desoída por buena parte de la comunidad internacional: "millones de hombres, mujeres, y niños se enfrentan a un castigo colectivo en forma de asedio total, bombarderos indiscriminados, y la amenaza inminente de una batalla terrestre.[12]"

El asedio a Gaza no tiene nada que ver con la defensa, pues esta supone un ciclo de reacción. Un Estado tiene derecho a reaccionar siempre y cuando esté sufriendo un ataque, aun así, en ese ejercicio de defensa debe haber proporcionalidad entre la magnitud de la amenaza que enfrente respecto de los medios empleados. Tel Aviv ha sobrepasado el ataque del 7 de octubre en medios, tiempos y dosis en el uso de la fuerza. Para finales de 2023 y a pesar de haber atacado sin piedad y sin reparo alguno por los márgenes del DIH, no se habían producido capturas significativas de dirigentes de Hamás responsables de los atentados terroristas. La evidencia sobre el hallazgo de túneles, almacenaje de armas y pruebas sobre nuevos ataques no solo es pobre, sino que fue evidentemente manipulada. En noviembre de 2023, la *Agence France-Press* que asistió guiada por el ejército israelí al desmantelado Hospital de Al Shifa reconoció que la inteligencia israelí había censurado buena parte de los videos, fotografías y testimonios recogidos por la prensa[13]. En la

12. Médicos sin Fronteras (12 de octubre de 2023). *Gaza: la violencia indiscriminada y el castigo colectivo deben terminar.*
13. France 24 (22 de noviembre de 2023). "Pas de libération d'otages par la Hamas Avant vendredi, selon Israël". *France 24.*

premura de legalizar y legitimar la destrucción de infraestructura civil, Israel recurrió el argumento de que Hamás utilizaba como centros operaciones escuelas, hospitales e iglesias. Al final, su testimonio no tenía ninguna credibilidad pues mientras duró la ofensiva cortó toda comunicación en Gaza, fue evidente el intento porque no se informará en simultáneo en aras de disponer de tiempo para alterar las escenas de lugares atacados.

La legítima defensa no da pie para que se produzca una agresión en el tiempo de tantas semanas, menos cuando fue evidente el repliegue de Hamás y que el atentado del 7 de octubre se había limitado a esas horas, pero una vez Tsahal en posición de defensa, las chances de agredir a Israel eran remotas. Varios gobiernos del mundo que buscaban desesperadamente justificar a Tel Aviv invocaron el artículo 51 de la Carta de Naciones Unidas que contempla la legítima defensa. Sin embargo, pocos repararon en el hecho de que, si bien el texto lo reconoce, en paralelo lo condiciona "hasta tanto que el Consejo de Seguridad haya tomado las medidas necesarias para mantener la paz y la seguridad internacionales". Israel ha ejercido históricamente esa defensa contando con un sistema antimisiles, Domo de Hierro, considerado como de los más efectivos del mundo, posee por fuera de la legalidad internacional más de 150 ojivas nucleares, controla de forma absoluta las fronteras (incluso territorios que son soberanía de terceros), tiene un ejército profesional de 187 mil soldados profesionales, cuenta con más de 600 aviones de combate entre los que se encuentran los más sofisticados del mundo F35, F21, F16 y F15 y dispone de miles de blindados para operaciones terrestres.

Por el contrario, es a los palestinos a quienes asiste el derecho de invocar el artículo 51 de esa carta, para recalcar que de forma sistemática el Consejo ha dado vía libre para que Israel ocupe y agreda con picos de violencia como el observado desde octubre del 23. A pesar de que de manera expresa el sistema de Naciones Unidas ha condenado la ocupación (basta recordar la Resolución 242 de 1967 del CS), el propio Consejo ha sido incapaz de emprender acciones para reestablecer el orden. Esa inacción activa el derecho a la legítima defensa de los palestinos que valga recordar, una vez más, no disponen de ejército.

Muchos se preguntan con justa causa por las consecuencias que debería tener la acción de Hamás y que costó la vida de inocentes israelíes o extranjeros en ese territorio. La respuesta está en recordar que la justicia no puede equipararse con la venganza y que para el dolor inenarrable de las víctimas no supone ningún consuelo el asesinato de palestinos inocentes. La única salida consiste en la administración de justicia, tal fue la promesa que se hizo en el marco de la Posguerra cuando se inauguraran los tribunales especiales para juzgar crímenes de guerra como Nuremberg, Tokio o más recientemente la antigua Yugoslavia, Ruanda o Sierra Leona. En 1998 se adoptó el Estatuto de Roma que dio origen a la Corte Penal Internacional y entró en vigor en 2002. La CPI debe investigar y administrar justicia en casos de agresión, crímenes de guerra, de lesa humanidad y genocidio. Esta justicia penal internacional no puede ser reemplazada por la imposición de la fuerza de quien ostente más poder, ni tampoco puede seguirse perpetuando la idea de que "la ley es solo para los de ruana" y que se trata de un organismo que sirve para juzgar casos de dirigentes de países del África subsahariana, Medio Oriente y si acaso América Latina, pero jamás de responsables de aliados de las potencias de Occidente. Si la CPI se limita a los casos de Omar al Bashir (Sudán), Uhuru Muigai Kenyatta (Kenya), Laurent Gbagbo (Costa de Marfil), Muamar Gadafi (Libia), Nicolás Maduro (Venezuela) y Vladimir Putin (Rusia) queda la idea de que la Corte amplifica el prejuicio que los únicos violadores de derechos humanos son dirigentes que de algún modo han desafiado a Occidente. Si el derecho no cumple con su aspiración universal y su respeto depende de las capacidades de los Estados reflejando la jerarquía de poder mundial, difícilmente será aplicable y legítimo. La dirigencia de Hamás, así como la israelí deberán ser juzgados por la CPI, es la única posibilidad de justicia en medio de tanta destrucción.

El movimiento islámico ha incurrido en crímenes de guerra. El artículo 8 del Estatuto de Roma incluye dentro de estas conductas la toma de rehenes, los homicidios, las mutilaciones, y la dirección de atentados contra la población civil. En el caso de Netanyahu y al menos su ministro de defensa Yoav Gallant (pero seguramente el rango de responsables es mucho más amplio) tienen que responder por el delito de genocidio. La Convención para la Prevención y Sanción del Delito de Genocidio de 1948 lo define como "actos perpetrados con la intención de destruir, total o parcialmente, a un grupo nacional, étnico, racial o religioso" y dentro de las conductas en las que se evidencia esa intención se especifican: a. la matanza de miembros, b. lesión grave a la integridad física o mental de los miembros de un grupo, c. sometimiento intencional del grupo a condiciones de existencia que hayan de acarrear su destrucción física, total o parcial d. medidas destinadas a impedir los nacimientos en el seno de un grupo y e. traslado por fuerza de niños del grupo a otro grupo.

Con excepción de las dos últimas, Israel ha incurrido de manera patente y flagrante en estas conductas, no solo con posterioridad a los ataques de Hamás sino desde que iniciara un plan de ostracismo para Gaza y de persecución en Cisjordania y Jerusalén Oriental. En su carta de renuncia como director de la oficina del Alto Comisionado de la ONU en Nueva York, Craig Mokhiber, hace un llamado certero y revelador sobre el genocidio que se está llevando a cabo ante la mirada impasible "una vez más somos testigos de un genocidio que se desarrolla ante nuestros ojos". El exfuncionario se apoya en un argumento clave para entender la mecánica del esquema de aniquilación de los palestinos "la masacre a gran escala de palestinos, basada en una ideología etnonacionalista colonial, como continuación de persecución y purgas sistemáticas (...) así como las declaraciones explícitas de líderes dentro del Gobierno y Ejército israelíes, no dejan lugar a debate"[14].

14. Cambio (3 de noviembre de 2023). "'Estamos fracasando, una vez más': carta de renuncia del director de la Oficina del Alto Comisionado de la ONU para los Derechos Humanos en Nueva York." *Revista Cambio.*

El genocidio es tal vez el tema coyuntural de mayor apremio, pero no el único. De manera estructural e institucional los palestinos están oprimidos por un sistema en el que se desarrollan prácticas donde se normaliza la limitación de derechos, la fragmentación de las comunidades y mientras los israelíes gozan de un ejercicio pleno de soberanía, los derechos palestinos están condicionados. No se trata de actos esporádicos de discriminación, o dominación, se trata de una mecánica sistemática que se apoya en las instituciones israelíes (reconocidas internacionalmente como democráticas), el derecho y una parte de la población en la que han tenido eco los discursos supremacistas que en el último tiempo no solo se han multiplicado, sino que han logrado acceder al poder. Un informe de febrero de 2022 de Amnistía Internacional advirtió sobre cómo Israel "impone un sistema de opresión y dominación a la población palestina en todas las zonas bajo su control y a las personas refugiadas palestinas [...] esto constituye *apartheid* y está prohibido por el derecho internacional"[15]. B'Tselem organización israelí señaló en un extenso reporte en 2021 cómo "en toda el área que abarca desde el Mar Mediterráneo hasta el Río Jordán se ha organizado una estructura bajo un solo principio: avanzar y cimentar la supremacía de un grupo —judíos— sobre otro —palestinos—"[16]. Y en la misma línea Michael Lynk relator especial de la ONU para la situación de los Territorio Ocupados ha afirmado que "un régimen que antepone de forma tan intencionada y clara los derechos políticos, legales y sociales fundamentales de un grupo por encima de otro dentro de la misma zona geográfica en base a su identidad racial-nacional-étnica se ajusta a la definición legal internacional de *apartheid*"[17]. Tres opiniones y criterios independientes e

15. Amnistía Internacional (1 de febrero de 2022). *El apartheid israelí contra la población palestina: cruel sistema de dominación y crimen de lesa humanidad.* 15/5141.
16. B'Tselem (12 de enero de 2021). *A regime of Jewish supremacy from the Jordan River to the Mediterranean Sea: This is apartheid.*
17. Naciones Unidas (25 de marzo de 2022). *La ocupación israelí del territorio palestino supone una situación de apartheid, afirma experto de la ONU.*

imparciales de una oenegé internacional, una organización israelí y un experto de Naciones Unidas, coinciden en la constatación de que en las semanas de guerra en Gaza se han hecho más evidentes, pero que no son de ninguna manera nuevas.

Y la limpieza étnica es indudable a la luz de la forma como se vienen desplazando forzadamente los palestinos a través de despojos, expulsiones, masacres, intimidaciones o de manera directa durante la ofensiva en Gaza en la que se les obliga a evacuar con la excusa de una advertencia para que no queden atrapados en el fuego cruzado. No tiene ningún sentido esos amagos de humanizar la guerra cuando se ha atacado de forma sistemática y deliberada a civiles, en especial a menores de edad. Resulta evidente que, con la excusa de la guerra, Israel sabe que saldrán cientos de miles de palestinos de un territorio al que, a diferencia de los israelíes, jamás tendrán garantía de retorno. En marzo de 2023 el ministro de finanzas pidió al ejército arrasar con la aldea palestina de Huwara, el titular de seguridad nacional Itamar Ben Gvir expresó que el derecho de los colonos israelíes estaba por encima del de los palestinos; y el de defensa hizo la controvertida pero muy sincera afirmación de que, en el asedio a Gaza, considerada ilegal por Naciones Unidas, estaban luchando contra "animales humanos y actuar[ían] de la misma manera". El común denominador, cualquier excusa, argumento, principio o creencia es válida siempre y cuando sirva para justificar la salida de palestinos, seguida de la llegada de bloques de colonos. Como se acotó anteriormente, el profesor de la Universidad de Exeter, Ilán Pappé, ha documentado la forma a partir de la cual desde 1948, surgimiento de la tragedia o Nakba, el pueblo palestino ha sido obligado al continuo desplazamiento[18]. La limpieza étnica lleva en marcha más de siete décadas y cuenta con el apoyo de un sistema internacional cuyas bases coloniales no han desparecido del todo y parecen hoy más robustas que en los 60, cuando estaba en boga el principio de autodeterminación de

18. Pappé, I. (2008) *La limpieza étnica de Palestina.* Barcelona: Crítica

los pueblos que permitió el surgimiento de Estados-nación que lograron sacudirse de la opresión colonial. Ésta es ante todo la lucha de Palestina, no por establecer la Sharia (gobierno islámico donde no hay separación entre religión y Estado), ni por destruir a ninguno de sus vecinos, sino por acceder a la independencia entorpecida por un proyecto civilizador y anacrónico que desdibuja todos los valores con los que la sociedad internacional se comprometió después de la Segunda Guerra Mundial.

Todos somos narradores

No hay mayor peligro en una violencia tan dramática como la que han sufrido los palestinos en las últimas décadas que la indiferencia, el desconocimiento o, en los peores casos, las justificaciones rebuscadas muchas veces apoyadas en los prejuicios supremacistas. Hemos llegado hasta acá para contar desde la génesis más reciente la tragedia de Palestina agudizada en 2008 con una fractura que derivó en una guerra fratricida entre Hamás y Fatah, aprovechada por Israel para avanzar en su propósito de quebrar la conciencia nacional palestina. La invitación final consiste en rebatir "la historia única" y convertir a cada lector en esa categoría de "narrador" tal como se autodefine Chimamanda Ngozi Adichie. Así empieza el ensayo de esta escritora sobre las formas en que determinados actos discursivos, prejuicios y códigos para contar las historias inciden en que se terminen superponiendo los derechos de unos sobre otros y se invisibilicen las perspectivas de quienes han sido oprimidos. La estructura de exclusión que han padecido generaciones enteras de árabes palestinos no es solo producto de la violencia directa, sino que se ha agravado por una historia que al contarse repite lugares comunes (Palestina no existe, todos los palestinos quieren acabar con Israel); estereotipos (los árabes son violentos y merecen tal sometimiento, los musulmanes son "bárbaros"); e imprecisiones e información engañosa (los palestinos han tenido la oportunidad de la paz, pero la han rechazado). Los palestinos son el mejor reflejo de lo que Gilles Deleuze denominó una *minoría* a la que como humanidad debemos encarnar y convertirnos en ella (*devenir minorité*, convertirse en minoría según el ideal deleuziano). Esto implica dejarse contagiar por la empatía, leer su causa y admitir su derecho de autodeterminación que le ha sido negado de forma arbitraria y con todos los agravantes posibles. Una minoría no se define en un sentido matemático-estadístico, sino por patrones de exclusión institucionales y estructurales y, en este caso, internos, regionales y globales.

Hace más de diez años, Occidente celebraba y veía con admiración la denominada Primavera Árabe en Egipto, Libia, Túnez, Siria y Yemen y trazaba paralelos con los levantamientos que a finales de los 80 terminaron con los regímenes prosoviéticos en Checoslovaquia, Hungría, Lituania, Polonia o Rumania. En la esfera cultural occidental se apoyó genuinamente a estos movimientos espontáneos que buscaban desesperadamente la democratización, por eso nadie alzó la voz para defender a Ben Ali, Mubarak, Saleh, e incluso varios Estados fueron más allá, para apoyar militarmente a quienes luchaban contra Basar al-Ásad y Muamar Gadafi. En territorio libio, la OTAN intervino para sacar del mapa geopolítico al líder de la Revolución Verde, dejando a su paso un vacío de poder que todavía se siente a lo largo de la franja del Sahel, territorio allanado para movimientos extremistas religiosos. En contraste, cuando los palestinos han suplicado, luchado o reivindicado el fin de la ocupación, del *apartheid* y de la violación sistemática de sus derechos, se han estrellado no solamente con la indiferencia, sino con el apoyo irrestricto a sus verdugos. ¿Qué diferencia los patrones de exclusión y autoritarismos de las peores dictaduras árabes, con los vejámenes a los que Benjamín Netanyahu somete a los palestinos? ¿No tienen derecho los palestinos a una primavera, tal como la que pudieron llevar a plenitud checoslovacos, húngaros, tunecinos, egipcio y libios? ¿Hay opresiones buenas y malas, necesarias o prescindibles? A Palestina le han arrebatado la posibilidad de resistir, de autodeterminarse y mientras las potencias de Occidente (sin excepción) siguen alimentado al Estado más poderoso militarmente de Oriente Medio, continúa la punición a una comunidad rota que acumula más de 75 años con respiración artificial.

Este libro es una invitación para advertir sobre los efectos nefastos que ha dejado en esta sociedad del consumo de información el "efecto CNN", en el que los medios moldean a su antojo las percepciones y difunden maniqueísmos donde las causas de la violencia se reducen en "buenos" contra "malos". A esta generación corresponde reivindicar los relatos alternativos y trasnacionales que deben ser puestos en circulación a lo largo y ancho del sur global, sin pasar por las traducciones de valores que se hacen desde los centros de poder en Occidente. Se trata de abandonar el "efecto CNN" y estimular el "efecto Al-Jazeera". La divisa ha sido siempre "divide y reinarás", con la cual han fracturado e inviabilizado la convivencia entre pueblos que en el pasado fueron vecinos en no pocos casos amistosos. Occidente impuso a la fuerza un orden geopolítico para el llamado Medio Oriente y el Norte del África que no termina de cuajar, en buena medida porque el destino de la zona se sigue decidiendo en las otrora metrópolis. Se agotaron las excusas para no contrarrestar el relato único, pues estas audiencias nuevas ya no pueden relegarse a un rol pasivo y consumidor. Sin excepción y al margen de la potencial trascendencia, sea poca o mucha, tenemos el deber de convertirnos en narradores, tal como se identifica Chimamanda Ngozi Adichie.

Glosario

Acuerdos de Oslo: Esquema de negociación a lo largo de la década de los 90 y hasta comienzos de siglo en el que israelíes y palestinos trataron de concretar una paz duradera. Israel logró que la Organización para la Liberación de Palestina lo reconociera como Estado y a cambio, surgió la Autoridad Nacional Palestina como una forma de gobierno que paulatinamente iría ganando autonomía hasta convertirse en un Estado. Esto jamás sucedió y la negociación se terminó quebrando a comienzos de siglo cuando tanto palestinos como israelíes rechazaron las propuestas finales para el establecimiento de fronteras definitivas para un Estado palestino, los primeros en Camp David en 2000 y los segundos en Taba en 2001.

Antisemitismo: Rechazo, odio o animadversión hacia los judíos como pueblo o hacia el judaísmo como religión. Se suele expresar en discriminación o en el desconocimiento de la legitimidad de la existencia de Israel.

Árabe: Comunidad identificada con la lengua de origen semita (materna) y por haber habitado la región del la Península Arábiga, el Golfo Pérsico y el Norte de África. Se trata de una denominación etnolingüística mas no religiosa. Los pueblos árabes profesan en su mayoría el islam, pero también existe un porcentaje significativo de cristianos o no creyentes.

Arabofobia: Odio, rechazo y estigmatización contra la población árabe a la que se considera salvaje o bárbara y por ende se suele justificar su sometimiento en aras de la civilización. Suele ir acompañada de islamofobia (ver término en glosario).

Autoridad Nacional Palestina: Gobierno para el pueblo palestino surgido de los Acuerdos de Oslo entre la Organización para la Liberación de Palestina e Israel entre 1993 y 2001. Se trata de autogestión, pero no se debe confundir con el establecimiento de un Estado. La ANP tiene facultades para la administración de recursos, pero no goza de soberanía. En 2012 la Asamblea General de Naciones Unidas reconoció a Palestina como Estado observador, pero en la práctica y por la imposibilidad del ejercicio de soberanía, las tareas de la ANP distan de las de los Estados del sistema internacional.

Canaán: Zona de la antigüedad que abarca desde el Mar Mediterráneo hasta el Río Jordán es decir el territorio actual de Israel, Palestina, una franja occidental de Jordania y el sur del Líbano y Siria. La literatura especializada la denomina con frecuencia como la Media Luna Fértil.

Disuasión nuclear: Doctrina realista que concibe que la posibilidad del mantenimiento del orden y la seguridad consiste en aumentar los costos de la guerra para que los actores en posesión de estas armas descarten de tajo una confrontación que supondría la destrucción mutua. Consiste en el crudo reconocimiento de que para alcanzar la paz no bastan las razones morales y éticas (según le idealismo que se opone al realismo, éste debería ser el caso), sino que resulta imprescindible que los costos de las guerras siempre sean superiores a los de la paz.

Efecto Al-Jazeera: Intento por crear, estimular y difundir una prensa alternativa que contrarreste la hegemonía informativa de los medios de comunicación más poderosos y que suelen difundir información en pro de algún sector del establecimiento.

Efecto CNN: Fenómeno surgido a comienzos de los años 90 en el que los medios de comunicación hegemónicos (los más influyentes y que hacen eco de varios de los sectores del establecimiento) tienen una incidencia tanto en el proceso de toma de decisiones políticas como en la denominada "opinión pública", para legitimar dichas decisiones. El efecto CNN fue observable en la manera en que se trató de persuadir a la opinión sobre la necesidad de que Estados Unidos interviniera militarmente en varias naciones del Oriente Medio.

Fatah: Partido político para la liberación de Palestina fundado por Yasser Arafat y principal actor de la Organización para la Liberación de Palestina. Actual partido de gobierno que tiene bajo control administrativo Cisjordania (ocupada por Israel).

Genocidio: Delito tipificado por el derecho internacional penal según la Convención para la Prevención y Sanción del Delito de Genocidio de 1948. Se describe como la intención de destruir total o parcialmente, a un grupo nacional, étnico, racial o religioso, acudiendo para ello a los siguientes actos o prácticas: asesinato de miembros; lesión grave a la integridad física o mental de los miembros del grupo, sometimiento intencional a condiciones de existencia que hayan de acarrear su destrucción física, parcial o total; medidas destinadas a impedir los nacimientos en el seno de un grupo; y el traslado por la fuerza de niños de un grupo a otro.

Guerra asimétrica: Confrontación armada en la que existe una diferencia desproporcionada en la correlación de fuerzas y quien aparentemente es más débil, termina sacando provecho de las desventajas estructurales apelando a la guerra de guerrillas, el foquismo, el boicot o saboteo o a la guerra de desgaste, entre otros.

Guerra híbrida: Confrontación armada entre actor regular contra irregular en la que el segundo combina elementos de la guerra de guerrillas comportándose como insurgente, pero a su vez dispone de capacidades para desempeñarse como un ejército regular. Es común este tipo de guerras cuando uno de los actores dispone tanto de un brazo político como armado.

Guerra preventiva: Conjunto de acciones militares frente a una amenaza potencial que aún no es inminente. Se ha insistido en su carácter ilegal pues supone un alto grado de interpretación y subjetividad en la definición de la amenaza y puede conllevar a que se termine de borrar la frontera entre las operaciones de legítima defensa y las ofensivas.

Gran Medio Oriente: Región definida por George W. Bush en el marco de la denominada guerra global contra el terrorismo a partir de 2001 en la que se añade a la zona del Medio Oriente Afganistán (Asia Central) y Pakistán (Subcontinente indio), Estados que no hacen parte de la región pero que por su protagonismo en el terrorismo internacional se incluyen en la estrategia de contención del fenómeno.

Hamás: Aunque la palabra en árabe traduce "fervor" se define como acrónimo de Movimiento de la Resistencia Islámica. Por tanto, se trata de una noción con doble significado. Hamás es una organización fundada en 1987 en la agitación de la Primera Intifada por Ahmed Yassin, Hassan Yousef y Mahmoud az-Sahar y bajo la tutela del partido Hermandad Musulmana de fuerte arraigo en Egipto y con influencia en varios países de la zona. Hamás fue creado teniendo por objetivo la destrucción de Israel y el establecimiento de la Gran Palestina, es decir en todo el territorio israelí en las zonas ocupadas, Cisjordania y Gaza. Sin embargo, desde 2017 se han manifestado en disposición de volver a las fronteras previas a la guerra del 67 con lo cual indirectamente han expresado estar en disposición de reconocer a Israel.

Islam: Religión basada en las revelaciones que recibió en la ciudad de la Meca (actualmente Arabia Saudí) Mahoma el profeta de Dios, Alá, a través del arcángel San Gabriel. Su palabra fue inicialmente rechazada en la Meca donde la mayoría profesaba el politeísmo, por esta razón en 622 d.C. tuvo que huir hacia Medina (Arabia Saudí) en lo que se conoce como la Hégira. Desde esta ciudad se revelaría su palabra y el islam se expandiría. Hoy cuenta con unos 1300 millones de fieles, pero de acuerdo con el Instituto Pew se calcula que en 2050 podría tener casi el mismo número que el cristianismo, religión mayoritaria en el mundo (2300 millones actualmente). Una de las religiones monoteístas más importantes junto con el cristianismo y el judaísmo.

Islamofobia: Odio, animadversión o rechazo a los musulmanes a quienes se considera como violentos, salvajes o bárbaros y por tanto suele ir acompañado de la idea de que deben ser sometidos a un proceso de civilización. Se trata de una prejuicio basado en las posturas colonialistas de Occidente.

Israelí: Gentilicio del Estado de Israel a no confundir con israelita que describe el pueblo que, en la antigüedad habitó Judea y Samaria. Israelí es quien tiene la nacionalidad de ese Estado o el adjetivo relativo a esa nación.

Limpieza étnica: Expulsión o exterminio masivo de un grupo con el fin de homogeneizar étnicamente una zona. Esta práctica está fuertemente apoyada en los cimientos coloniales que presumen la superioridad racial, étnica o cultural de determinadas sociedades sobre otras. A pesar de su gravedad no es un delito tipificado por el derecho internacional penal.

Medio Oriente: Zona que abarca la Península Arábiga, el Golfo Pérsico, el Norte del África y el Oriente de Europa y que ha sido la cuna de las llamadas civilizaciones persa, griega y mesopotámica. De igual forma, tiene una relevancia por haber sido testigo del surgimiento de las tres grandes religiones monoteístas, cristianismo, islam y judaísmo.

Panarabismo: Discurso de unidad de los pueblos árabes de la Península Arábiga, Golfo Pérsico y del Norte del África impulsado por Gamal Abdel Nasser, quien fuera presidente de Egipto entre 1956 y 1970. Producto de este discurso se concretó la República Árabe Unida, unión egipcio-siria desde 1958 hasta 1961, cuando un grupo de militares sirios descontentos con la política de nacionalizaciones de Nasser irrumpió con un golpe de Estado.

Próximo Oriente: Denominación surgida de la geopolítica francesa para describir la zona donde se han presentado guerras, conflictos o tensiones alrededor de Israel y Palestina. Se limita a los Estados que han participado directamente de esta confrontación, es decir, Egipto, Irak, Israel, Jordania, Líbano, Palestina, y Siria.

Sionismo: Corriente de nacionalismo judío que proclama la existencia de un Estado para esta comunidad. Nació a mediados del siglo XIX con la figura de Theodoro Herzl en alusión al Monte Sion en la ciudad de David según las escrituras. Se trata de una forma de nacionalismo religioso que ha tenido corrientes tanto progresistas como en el caso de David Ben Gurión, como más conservadoras e incluso radicales como en épocas más recientes en partidos como Hogar Judío y Partido Sionista Religioso, de claro corte supremacista (racista respecto de la población árabe).

Sharia: La aplicación estatal de ley islámica y aunque la transliteración sugiera "el camino claro hacia el agua", su uso está asociado a los regímenes o sistemas políticos donde no hay separación entre la religión (islam) y los asuntos públicos, tal como sucede en Arabia Saudí, Afganistán, Irán o Sudán, entre otros.

Tsahal: Fuerzas de Defensa de Israel (Tsevá HaHaganá LeYisrael) que comprenden el conjunto de fuerzas armadas (aérea, marina y ejército) mas no de policía. La denominación busca transmitir la idea de que son una fuerza defensiva y no ofensiva.

Bibliografía

Álvaro-Navarro, M. (9 de febrero de 2022). "En la cárcel sin saber por qué: la vida de Amal y otros menores palestinos detenidos sin cargos ni juicio en Israel". *El País.*

Amnistía Internacional (1 de febrero de 2022). *El apartheid israelí contra la población palestina: cruel sistema de dominación y crimen de lesa humanidad.* 15/5141.

Arendt, H. (1993). *Eichmann en Jerusalén.* Madrid: Lumen.

Arendt, H. (1974). *Los orígenes del totalitarismo.* Madrid: Taurus.

Aron, R. (1965). *Démocratie et totalitarisme.* París: Gallimard.

Arreguin, Toft. I. (2001). "How the Weak Win the Wars? A Theory of Asymmetric Conflict". International Security 26 (1): 93-128.

Asamblea General de Naciones Unidas (1993). *Declaración de Principios sobre las Disposiciones relacionadas con un Gobierno Autónomo Provisional.* Nueva York: Naciones Unidas.

Asamblea General de Naciones Unidas (21 de septiembre de 2022). *Nota del Secretario General. Situación de los derechos humanos en los territorios ocupados desde 1967.* Nueva York: Naciones Unidas. https://www.un.org/unispal/wp-content/uploads/2022/10/N2259808.pdf.

Asamblea General de Naciones Unidas (1995). *Acuerdo interino israelí-palestino sobre Cisjordania y la Franja de Gaza.* Nueva York: Naciones Unidas.

Asimov, I. (1998). *La tierra de Canaán.* Madrid: Alianza Editorial.

Bourdieu, P. (2012). *La fabrique des débats publics.* París: Le Monde Diplomatique.

Bronner, E. (11 de junio de 2006). "Just How Far Did They Go, Those Words Against Israel?". *The New York Times.*

B'Tselem (12 de enero de 2021). *A regime of Jewish supremacy from the Jordan River to the Mediterranean Sea: This is apartheid.*

Cambio (3 de noviembre de 2023). "'Estamos fracasando, una vez más': carta de renuncia del director de la Oficina del Alto Comisionado de la ONU para los Derechos Humanos en Nueva York." *Revista Cambio.*

Capdepuy, V. (2008). "Proche ou Moyen Orient? Geohistoire de la notion de Middle East" *L'espace géographique.* 3 (37) pp.225-238.

Claude, P. (26 de septiembre de 1995). "Accords d'Oslo: Israël et l'OLP concluent un novuel accord sur l'autonomie palestinienne". *Le Monde.* https://www.lemonde.fr/archives/article/1995/09/26/israel-et-l-olp-concluent-un-nouvel-accord-sur-l-autonomie-palestinienne_3854190_1819218.html.

Courrier International (24 de agosto de 2023). "Pour Itamar Ben Gvir, la présence des colons en Cisjordanie prime sur la liberté de mouvement des Palestiniens". *Courrier Internacional.*

Drouet, C. (16 de julio de 2014) "Troisème guerre à Gaza en moins de six ans". Le Monde https://www.lemonde.fr/proche-orient/article/2014/07/16/bordure-protectrice-la-troisieme-guerre-a-gaza-en-moins-de-six-ans_4455095_3218.html.

Espinosa, A. (30 de julio de 2006). "Matanza de civiles en el sur de Líbano". *El País.*

Eydoux, T.; Mas, L; Vande Casteele, A; Pigent, J. (17 de noviembre de 2023). "Enquête vidéo: la chute d'un obus israélien sur l'hôpital Al-Shifa". *Le Monde https://www.lemonde.fr/international/video/2023/11/17/enquete-video-la-chute-d-un-obus-israelien-sur-l-hopital-al-shifa_6200742_3210.html.*

France 24 (22 de noviembre de 2023). "Pas de libération d'otages par la Hamás Avant vendredi, selon Israël". *France 24* https://www.france24.com/fr/moyen-orient/20231122-%F0%9F%94%B4-en-direct-le-gouvernement-isra%C3%A9lien-approuve-l-accord-de-lib%C3%A9ration-d-otages-%C3%A0-gaza.

Ferro, M. (22 de junio de 1946). "La vraie visage du terrorisme juif. Trois mouvements mènent la guerre contre "la politique impérialiste" britannique. *Le Monde* https://www.lemonde.fr/archives/article/1946/06/22/le-vrai-visage-du-terrorisme-juif-trois-groupements-menent-la-guerre-contre-la-politique-imperialiste-britannique_3061040_1819218.html.

Filiu, JP. (2012). "Les fondements historiques du Hamás à Gaza (1946-1987)". *Vingtième Siècle. Revue d'Histoire.* 3(115): 3-14.

Fisk, R. (27 de noviembre de 2012). "Did Israel murder Yasser Arafat with Polonium-210? Some questions about this death won't gone away." *Independent* https://www.independent.co.uk/voices/comment/did-israel-murder-yasser-arafat-with-polonium210-some-questions-about-his-death-won-t-go-away-8360376.html.

Galtung, J. (1969). "Violence, Peace and Peace Research". *Journal of Peace Research.* 6 (3): 167-191.

Galtung, J. (1990). "Cultural violence". *Journal of Peace Research.* 27 (3): 291-305

Gilmour, D. (27 de noviembre de 2023). "BBC Updates Palestinian Prisoner Interview After Translation Error Controversy". *Mediate.*

Goya, M; Brillant, M.A. (2013). *Israël contre le Hezbollah. Chronique d'une défaite annonce. 12 juillet-14 août.* Monaco: Rocher.

Haaretz (23 de noviembre de 2003). "Poll: Most Israelis and Palestinians Support Geneva Accord". *Haaretz.*

Hernández-Echevarría, C. (25 de abril de 2022). "Crimen sin castigo: la matanza de My Lai" *La Vanguardia.*

Hubert-Rodier, J. (23 de mayo de 2021). "L'Iran et l'utilisation de la 'cause palestinienne'". *Les Echos.*

Huntington, S. (1993). "The Clash of Civilizations". *Foreign Affairs.* 72 (3): 22-49.

Khalidi, R. (2023). *Palestina. Cien años de colonialismo y resistencia.* Madrid: Capitán Swing.

Kissinger, H. (1969). "The Viet Nam Negotiations". *Foreign Affairs.* 47 (2): 38-50.

Jerusalem Post (7 de noviembre de 2019). "Twenty-five years after IDF soldier was killed, friends save lives in his name". *Jerusalem Post.*

La Voz de Galicia (3 de marzo de 2023). "El ministro de Finanzas israelí pide "arrasar" la localidad palestina de Huwara". *La Voz de Galicia.*

Lepidi, P. (8 de abril de 2019). "Au Rwanda, les funestes échos de Radio-Mille Collines". *Le Monde.*

Le Monde (2 de julio de 2003). "D'Oslo II à "la feuille de route", des rrendez-vous ratés en série". *Le Monde* https://www.lemonde.fr/archives/article/2003/06/02/d-oslo-i-1993-a-la-feuille-de-route-des-rendez-vous-rates-en-serie_322367_1819218.html.

Lerner, D. (4 de octubre 2018). "Israel is Incomparably Stronger than Hamás -but It Will Never Win: Interview with Hamás leader in Gaza". *Haaretz.*

Le Vine, M. (2016). "The Quantum Mechanics of Israeli Totalitarianism". *State Crime Journal.* 5 (1): 9-31.

Mc Greal, C. (5 de febrero de 2022). "Amnesty says Israel is an apartheid state. Many Israeli politicians agree." *The Guardian.*

Médicos sin Fronteras (12 de octubre de 2023). *Gaza: la violencia indiscriminada y el castigo colectivo deben terminar.*

Middle East Monitor (27 de noviembre de 2023). "BBC comes under fire for mistranslating ex-Palestinian prisoner as praising Hamás". *Middle East Monitor.*

Naciones Unidas (25 de marzo de 2022). *La ocupación israelí del territorio palestino supone una situación de apartheid, afirma experto de la ONU.*

Naciones Unidas (1947) *Resolución 181 de la Asamblea General de Naciones Unidas* https://documents-dds-ny.un.org/doc/RESOLUTION/GEN/NR0/041/19/PDF/NR004119.pdf?OpenElement

Naciones Unidas (1947) *Resolución 242 Consejo de Seguridad de Naciones Unidas https://peacemaker.un.org/sites/peacemaker.un.org/files/SCRes242%281967%29%28esp%29.pdf.*

Ngozi Adichie, C. (2018). *El peligro de la historia única.* Madrid: Random House Mondadori.

Ortíz Leroux, S. (23 de enero de 2011). "Claude Lefort: la democracia, negación del totalitarismo". *La Jornada* 829 (1) .

Pappé, I. (2008) *La limpieza étnica de Palestina.* Barcelona: Crítica.

Pita. A. (20 de marzo de 2023). "'El pueblo palestino no existe': las declaraciones de un ministro israelí despiertan la condena internacional". *El País.*

Ravenel, B. (2007). "La parabole de l'OLP". *Confluences Méditerranée.* 1(3) :125-143.

Restle, B. (13 de octubre de 2023). "La grave situación humanitaria en la Franja de Gaza". *Deutsche Welle.*

Said, E. (15 de octubre de 2011). "El choque de ignorancias". *El País de España.*

Said, E. (2002). *El fin del proceso de paz. Nuevas crónicas palestinas.* Barcelona: Mondadori.

Said, E. (2004). *Orientalismo.* Madrid: Debate.

Sallon, H. (16 de octubre de 2023). "Mohammed Deif, le stratège de l'ombre du Hamás". https://podcasts.lemonde.fr/en/lheure-du-monde/202310160200-Hamás-qui-est-mohammed-deif-le-cerveau-de-lattaque-meurtrier.

Scaini, M. (2011). "L'évolution des rapports entre Israël et l'Iran, declin de l'hégémonie occidentale au Moyen Orient". *Outre-Terre.* 2(28): 483.

Semana (18 de noviembre de 2023). "Peligroso: esta es la nueva estrategia de Hollman Morris en RTVC; emiten programas del canal ruso RT y Telesur. ¿Adoctrinamiento? *Revista Semana*.

Seurat, L. (2015). *Le Hamás et le monde*. París: CNRS.

Sfeir-Khayat, J. (2005). "Historiographie palestinienne. La construction d'une identité nationale". *Annales Histoire, Sciences Sociales EHESS*. 1 (1): 35-52.

Smolar, P. (28 de febrero de 2017). "Israël était mal préparé à mener la guerre à Gaza, en 2014". *Le Monde* https://www.lemonde.fr/proche-orient/article/2017/02/28/israel-etait-mal-prepare-a-mener-la-guerre-a-gaza-en-2014_5087065_3218.html.

Swissinfo (2 de julio de 2023). "Récord de 1.128 palestinos en detención administrativa en Israel, sin cargos ni juicio". Agencia de Noticias Swissinfo.

Tertrais, B. (2008). "Le concept de dissuasion nucléaire". *L'arme nucléaire*. 1 (2): 29-66.

Wall Street Journal Editorial Board (enero 31 de 2022). "The 'Apartheid' Libel of Israel". *The Wall Street Journal* https://www.wsj.com/articles/the-apartheid-libel-of-israel-amnesty-international-report-11643669544.

Wildman, S. (9 de abril de 2013). "Facing Eviction in Sheikh Jarrah". *The New Yorker*.

Urrutia Aristizábal, P. (2011). *Conflicto palestino-israelí: ¿Más proceso que paz?* Barcelona: Escola de Cultura de Pau.

Zecchini, L. (22 de junio de 1998). "Bill Clinton ne parvient à convaincre M. Nétanyahu de relancer le processus de paix". *Le Monde* https://www.lemonde.fr/archives/article/1998/01/22/bill-clinton-ne-parvient-pas-a-convaincre-m-netanyahou-de-relancer-le-processus-de-paix_3625081_1819218.html.

Zin, H. (1 de abril de 2014). "Veinte años del genocidio de Ruanda: Kangura la revista del odio". *20 Minutos*.